高校韩国语专业教学方法研究

闫海静　著

中国海洋大学出版社

· 青岛 ·

图书在版编目（CIP）数据

高校韩国语专业教学方法研究／闫海静著. -- 青岛：
中国海洋大学出版社，2024. 4
ISBN 978-7-5670-3819-6

Ⅰ. ①高… Ⅱ. ①闫… Ⅲ. ①朝鲜语-教学研究-高
等学校 Ⅳ. ①H559

中国国家版本馆 CIP 数据核字（2024）第 066390 号

GAOXIAO HANGUOYU ZHUANYE JIAOXUE FANGFA YANJIU

出版发行	中国海洋大学出版社	
社　　址	青岛市香港东路 23 号	**邮政编码**　266071
网　　址	http：// pub. ouc. edu. cn	
出 版 人	刘文菁	
责任编辑	由元春	**电　　话**　15092283771
电子邮箱	502169838@qq. com	
印　　制	青岛中苑金融安全印刷有限公司	
版　　次	2024 年 4 月第 1 版	
印　　次	2024 年 4 月第 1 次印刷	
成品尺寸	170 mm×240 mm	
印　　张	7. 25	
字　　数	137 千	
印　　数	1~1000	
定　　价	39. 80 元	

发现印装质量问题，请致电 0532-85662115，由印厂负责调换。

前　言

外语人才的培养作为推动我国与其他世界各国互联互通的基本要素，一直以来都是国家教育体系中的重要内容。韩国语作为小语种之一，相关的人才缺口依然较大。随着中韩两国贸易及文化的往来，韩国语使用愈发广泛，各高校应该转变以往传统的教学模式，转变课程教学的理念，重视高校韩国语教学的创新，及时更新教材，注重师资团队的建设，为学生们营造一个良好的学习氛围，更好地促进韩国语教育的发展。

当前的社会需求及高校韩国语专业教学的发展，都要求高校韩国语专业进行教学改革。不可否认，目前韩国语教学已经取得突破，但相对于其他传统专业而言，韩国语教学还存在不少问题，如教学目标与专业指导思想脱离，教学实践内容匮乏等，针对这些问题，高校方面需要深入研究自身的教学现状，努力突破教学困境，以构建特色教学为突破口，提升韩国语的教学质量。

本书分为六章，第一章绪论，介绍了韩国语教学的相关内容；第二章高校韩国语课程研究，整理了高校韩国语课程相关研究内容，分析了课程理论下的韩国语教学，以及中国高校的韩国语课程；第三章对韩国语学习的特点进行了分析，主要包括韩国语学习主体、学习过程与学习者策略；第四章是高校韩国语专业教学内容与方法的探究，包括韩国语的专项教学内容、韩国语教学法主要流派分析、网络化韩国语教学模式构建以及多媒体辅助下的韩国语教学；第五章是对高校韩国语专业教学方法实践发展的研究，从韩国语专业实践教学体系构建、职业用途韩国语课程开发与深入、韩国语专业教学中的文化导入这三点进行了分析；第六章对高校韩国语教学效果提升方法进行了分析，内容包括韩国语听力教学、口语教学、阅读教学、写作教学、翻译教学五个方面的提升方法。

笔者在本书的撰写过程中，参考和借鉴了较多的韩国语教学资料，在此感谢许多同仁前辈的研究成果，既受益匪浅，也感到自身水平有限。笔者希望此书能为读者提供一些观点与思路，望广大读者在翻阅本书后，对于书中难免出现的问题和不足，提出宝贵意见。

目 录

第一章 绪 论

随着中韩两国间交流的不断深入，中国对韩国语人才的需求也越来越大。如何有针对性地、更有效地培养和输送合格的韩国语人才，最大限度地满足社会需要，是当今韩国语专业①教育研究的方向之一。本章简单介绍了韩国语教学的相关内容。

第一节 韩国语教学概述

一、韩国语教学的理论研究

韩国语教学理论研究的目标，概括地说，就是要解决韩国语教学具体实施过程中的各种理论问题。

首先，我们要研究韩国语教学的本质。我们要想明确语言学习究竟是一种什么样的过程，就必须了解语言是什么。语言是一种交际工具，也是人类思维的工具，是人类区别于其他动物的一种文化载体和文化象征。因此，对语言本质的理解有助于我们更好地理解和学习一种语言。

我们研究韩国语教学的本质，首先必须研究韩国语学习者个人以及各种可能影响韩国语教学的因素；研究学习者的生理、心理、策略以及社会因素对韩国语学习过程的影响；研究语言环境、教学环境和其他环境因素对韩国语教学过程的影响等。

其次，我们要研究韩国语教学的目的、环境和实施手段等。研究韩国语教学的目的，要结合一个国家的语言政策、政治和经济需求以及学习者个人的学

---

① 在我国大学开设的朝鲜语专业里，教师教授的主要是以首尔标准音为代表的韩国语。所以大多数高校习惯性地把朝鲜语专业称作韩国语专业。

习需求等因素。在确定韩国语教学目标之后，我们就要考虑如何实施。韩国语教学理论研究要为其实践活动提供科学的理论指导。

最后，我们要研究韩国语教学的方法。教学法是教育学和心理学的研究课题。韩国语教学作为一种教学活动，既有一般的教育学和心理学问题，又有其自身的特殊性。因而韩国语教师既要研究在教学过程中如何贯彻教育学和心理学的原则，还要研究符合韩国语学习规律的教学方法和手段，除此之外，还应研究如何在现代科学技术条件下实施韩国语课堂教学等问题。

二、韩国语教学与相关学科的关系

韩国语教学的主要内容是语言和语言使用。如何教授一门语言，必然涉及人们对人类语言和语言活动本质的认识。因此，把人类语言和语言活动作为主要研究对象的语言学、社会学和人类学就成为韩国语教学的重要相关学科。其中，研究、描写语言的结构、功能及其历史发展规律的语言学更是其中的一门关键学科。语言学分支学科之一的心理语言学，由于其研究的重点是人类语言习得和使用过程中的心理机制，因而与韩国语教学也有着紧密的关系。

韩国语教学作为一种教学活动，它是教育学的研究对象，但由于外语教学的特殊性，它又对教育学有着特殊的要求。国家的语言政策、师资培训、大纲制定、教材编写、韩国语能力测试等都对韩国语教学活动的成败有着重要的影响。

我们认为，韩国语教学属于语言应用，而不属于应用语言。韩国语教学必须在借鉴现有语言理论成果的基础上，建立自己的语言理论和描写模式。高校韩国语教师必须全面考查可能影响韩国语教学过程的各种因素，结合韩国语教学在具体实施过程中的环境因素，制定出韩国语教学的原则，并设计出贯彻这些原则的方法和手段。

三、韩国语教学的境遇分析

当前，我国对韩国语人才的需求直接受到中韩经济文化交流与合作亲密度的影响。就目前的教育而言，高校韩国语教学还存在较多不足之处。

其一，高校没有能够准确地把握发展与需求之间的关系，简单来讲，就是没有能够根据实际情况制定教学指导方针，使高校韩国语人才培养与实际需求脱轨。

其二，韩国语教学过分依赖现有的教材，对教材外的资源利用比较贫乏，导致教学内容单一，课堂容量不足，不足以满足教学的需求。长期以来，我国高校教育的授课模式大多是传统的"口声相传"模式，然而随着现代教育的发展，这种授课模式的弊端逐渐显露出来，尤其是在外语专业的教学上表现得更加明显。这种以"教"为主的教学方式并不适于韩国语这种对外来词汇和社会热词接受度较高的语言。在这样的教学方式下，学生的实际能力难以达到现在社会对该类人才所提出的能力要求。

其三，受韩国语在我国发展时间的约束，现阶段，我国高校的韩国语专业教学师资建设还处在聘请外教的阶段。然而外教教学经验不足，专业技能较低，这也是造成现阶段高校韩国语教学低效的原因之一。

其四，高校韩国语教学视野过于局限，对外来文化关注不够，在一定程度上影响了高校韩国语优质教学体系的形成。

经过一段时间的发展，目前我国韩国语教学的教学体系逐渐建立和完善起来。但是，在新形势下，受环境变化的影响，高校韩国语教学在迎来发展机遇的同时，也面临着更多的挑战。充分认识高校韩国语教学的境遇，对促进高校韩国语教学的发展大有助益。

（一）高校韩国语教学的内部优势和外部机遇

1. 专业的发展是主要的内部优势

随着高校专业设置的不断完善，韩国语专业在高校专业中的地位逐渐提升，影响力逐渐加大，是外语专业中最具发展潜力的专业之一，不论是对外语专业而言，还是对高校的发展而言，均具有不可忽略的作用。近年来，高校对韩国语专业的扶持力度不断加强，使得韩国语专业的课程体系愈加完善，在教学的各个方面都有了显著的提升和进步。另外，高校还针对韩国语专业的就业方向，对该专业进行了细分，设置了应用韩国语、商务韩国语等诸多不同的方向，增强了人才培养的针对性，从而促进学生更好、更快地就业。

2. 高校韩国语教学主要的外部机遇

（1）中韩交流的深入。随着经济全球化、一体化程度的不断加深，各国都认识到国际交流的重要性。国家间的交流逐渐频繁起来，交流的范围也在逐渐扩大，国际交流的广度上和深度都获得了空前的发展。近年来，随着我国与韩国之间各领域交流的不断增多，交流内容变得更加丰富，交流形式也更加多样。日益频繁的中韩交流，给高校韩国语专业的发展带来了良好的契机，为韩国语专业学生就业提供了更多的机会。

（2）小语种热的影响。在社会经济结构发展的同时，就业市场也在不断变化，人们的就业观念和倾向性也相应地产生了不同程度的改变。在以往的外语专业招生中，英语专业的招生规模最大，但是随着升学形势以及就业形势的转变，小语种专业逐渐崛起，成为热门的外语专业，而韩国语专业则是众多小语种专业中广受欢迎的一个。近些年，韩国语专业招生数量的不断增加、培养规模的不断扩大以及影响力的不断增强，均表明高校韩国语专业的广受欢迎。

（二）高校韩国语教学的内部劣势和外部威胁

1. 高校韩国语教学的内部劣势

（1）课程体系需进一步完善。高校韩国语专业经过了几十年的发展，已经取得了较大的进步，在课程体系建设上相对完善，但是需要改善和提高的地方还有很多。韩国语专业作为当前众多外语专业中发展前景较好的专业之一，客观、科学地认识其自身的状况是十分必要的，只有这样才能更清醒地认识到其课程体系中存在的不足。就目前的高校韩国语教学而言，对指导思想和教学目标的应用性和实效性考虑不足以及对教材的过分依赖，是韩国语专业课程体系存在的主要问题。在语言类教学中，教师要想提高学生的交流能力和技巧，就必须注重教学的应用性和实用性，此外还要结合实际情况来设置专业课程，这样才会有优秀的教学成果和科学的评价结果。

（2）师资力量的挑战。教师作为韩国语教学中的主体之一，其素质会影响教学设计、教学实施、教学评价等多个方面。对于韩国语专业的任课教师而言，他们不仅需要掌握丰富的语言知识，还要付出更多的努力。当前我国的韩国语师资力量比较薄弱，韩国语教师相对年轻化，缺乏中年的骨干教师。虽然年轻教师的创新力较强、工作劲头较足，但是教学经验相对不足，这在实际教学中可能会影响到其教学的积极性。所以，从这个角度来讲，高校要想提高高校韩国语教学的质量，还需加强其师资队伍的建设。

2. 高校韩国语教学的外部威胁

（1）生源质量的挑战。学生是教学的主体，一切教学活动的开展都应以学生为中心，高校的韩国语教学也不例外。生源的质量也会对高校韩国语教学的开展产生重大影响。近些年来，随着我国教育事业改革全面深入的发展，高校办学规模逐渐扩大，招生数量逐年攀升，这也在一定程度上加大了韩国语教学开展的难度。

（2）就业形势的挑战。随着中韩交流的多元化和多样化发展，韩国语专业学生的就业率大大提高，就业渠道更加广泛。但是由于市场需求与教学定位的脱节，再加上学生能力结构的限制，从总体上看，韩国语专业的学生就业还存在一定的错位。正因为如此，韩国语专业的招生、教学等方面工作的开展也受到了一定的阻碍。

（3）中韩文化的差异。韩国语教学作为一门外来语言教学，其所面临的挑战之一是中韩文化之间的差异。不同的历史背景、文化传统和生活习俗为我国高校韩国语教学的开展带来了较大的困难。如何让学生在以汉语为大环境的背景下形成韩式语言思维是韩国语教学中的重点和难点。

在高校的教学组成中，韩国语教学的存在既是高校专业设置丰富性的体现，也是高校教学不可缺少的一部分。在当前的教育改革下，不断变化的教育环境和教育条件在为高校韩国语教学创造出新的发展契机的同时，也为高校韩国语教学设下了许多障碍。因而，高校韩国语专业教师要想突破当前的困境，迈上更高的台阶，就必须审时度势，重新审视自己，挖掘自己的发展优势和潜力，以科学的方法、理性的眼光去积极地应对挑战，从而促进韩国语教学的进一步开展。

第二节　韩国语教学研究的方法

一、研究对象的分析

目前，中国四年制本科院校韩国语系开设的课程在培养目标方面可以分为三大类：第一，掌握听、说、读、写、译5种语言技能；第二，掌握韩国的语言、文学、历史、政治、经济等相关知识；第三，熟悉从事外交、对外贸易、文化交流等业务时所需要的职业知识。

韩国语专业的培养目标：培养具备扎实的韩国语听、说、读、写、译基本技能，掌握对象国和地区的语言、文学、历史、政治、经济、文化、社会等相关知识，能从事外交、外经贸、文化交流、新闻出版、教育科研等工作的德才兼备、具有国际视野的复合型人才。

基于此，本书在对韩国语课程的构建方面主要围绕三方面进行研究：①国内韩国语系的课程现状；②韩国语系毕业生与教师的需求分析；③以山东理工大学为例构建具体的职业用途韩国语课程。

首先，分析国内韩国语专业的课程现状。本书对韩国语系课程的培养目标、教学科目构成、提升职业能力的教授策略等要点进行了考察。韩国语职业用途的教学科目主要分为三个类别：①以培养职业能力为目的的韩国语科目，如商务韩国语；②以培养知识活用能力为目的的实践课程；③跨学科专业的课程，如国际营销课程。本书对上述三类韩国语职业用途的教学科目的开设时间、科目名称、教学课时进行了系统整理。

其次，进行需求调查分析。需求调查主要面向国内公办高校四年制韩国语专业的教师及已就业的毕业生。由于课程开发将采用以学习者为中心的模式，因此韩国语专业毕业生的需求调查是其中的重点。同时教师作为课程开发及教授的主体，也被列入调查的范围。

需求调查的对象不是韩国语专业在校生，而是已经就业的韩国语系毕业生。之所以如此选择，是因为韩国语专业在校生没有工作经验，很少能够意识到课程体系中存在的问题。而与之相反，已经就业的毕业生，结合自己多年的社会工作经验及知识背景，能够更客观准确地指出现行高校韩国语课程的问题所在，并能够准确反映自己的语言和技能需求。面向韩国语专业毕业生及教师实施的需求。调查内容如表1-1所示。

表1-1　调查问卷内容

调查对象		调查内容
毕业生	基本情况	• 性别、年龄、工作单位、职务 • 每天使用韩国语的时间 • 就业后韩国语主要运用领域
	主要内容	• 高校职业用途韩国语课程的满意度、重要性认可度 • 现行职业用途韩国语课程的内容 • 工作岗位中所需要的技能、主体需求 • 不同领域的语言技能重要程度、最重要的语言技能 • 高校实践教育的满意度、重要度 • 实践方式需求 • 相关专业教学科目开设的必要性、开设科目
教师	基本情况	性别，年龄，韩国语教育经历，大学与研究生专业，研究方向
	主要内容	• 高校职业用途韩国语课程的满意度、重要度 • 职业用途课程现存的问题 • 现行职业用途韩国语课程的内容 • 工作岗位中所需要的技能、主题需求 • 不同领域的语言技能重要程度、最重要的语言技能 • 高校实践教育的满意度、重要度 • 实践方式需求 • 相关专业教学科目开设的必要性、开设科目

此次需求调查主要有两部分的信息：一是韩国语专业毕业生和教师的基础信息，主要包括毕业生的工作单位、职务、每天的韩国语使用时间和教师的韩国语教育经历、研究方向等。二是调查的主要内容，这里面主要包括四方面的信息：①韩国语系职业用途课程的满意度、重要程度调查；②韩国语系职业用途课程的现有教学内容、教学需求、工作岗位所需技能与主题、职场语言重要程度调查；③实践教学的满意度与需求调查；④相关专业教学科目开设的必要性。

二、研究的具体层次

长期以来，我国韩国语教学理论研究仅限于对具体韩国语教学方法优劣的讨论，缺乏从更高的层次对韩国语教学的本质和方法等重大理论问题的探讨和研究。

就韩国语教学而言，韩国语教师在走进课堂之前，必须搞清楚两个最基本的理论问题：韩国语教学意味着什么，韩国语教学应该怎样进行才最有效。第一个问题涉及教师对语言的本质特征和韩国语教学的本质特征的理解；第二个问题涉及教师对韩国语教学本质的理解以及韩国语教学实践过程。这两个问题既互相独立，又密切联系。

为了研究方便，我们可以把韩国语教学理论的研究划分为三个层次：首先是本体论层次；其次是实践论层次，这一层次研究的目标是韩国语教学的具体实施原则；最后是方法论层次，主要包括韩国语教学实践中贯彻韩国语教学原则的手段、程序和组织形式等。

韩国语教学的各个层次都有自己特殊的研究目标和内容。这三个层次相对独立，但又密切联系。下面就以这三个层次所研究的具体内容和方法做一些简要阐述。

（一）本体论层次

在这一层次的研究中，必须真正了解语言的本质以及韩国语教学的本质。

对语言本质特征的认识，一方面取决于人们的世界观，另一方面取决于方法论。仔细比较近代和现代一些哲学家和语言学家们对语言所下的定义可以发现，人们对语言本质的认识往往是比较片面、主观的，具有一定的局限性。

总的来说，语言具有以下几个本质特征。

（1）语言是人类最重要的交际工具，在使用中变化和发展。语言是一个符号系统，由形式和意义两部分组成。整个语言系统实际上是一个符号关系的系统。人类的认知系统和社会交际的需求构成潜在的意义系统，社会意义系统通过语义系统得到实现；语义系统通过语法系统以语音的形式得以实现。

（2）语言是人类的思维工具和文化载体。人类思维依赖语言这个工具，而语言又是思维过程和结果的体现。语言结构和语言习惯又在一定程度上反作用于思维方式和习惯。语言是文化信息的代码，可以说一种语言的历史，也就是该民族思维活动和文化发展的历史。

（3）语言具有特殊的生理基础。动物学不会人类语言等现象表明，人类大脑中有一套特殊的语言习得和处理机制。

由此可以得出，任何语言教学，必须考虑到学习主体的生理和心理基础；必须把语言作为一种交际工具，使学习者真正理解学习的目的并自觉运用语言；必须把语言作为一种符号系统，只有通过对语言形式及其组合规律的分析，学习者才有可能更快速、有效地学会该种语言。

此外，韩国语教学本体论还应该对韩国语教学具有的规律和特点加以研究，从而使韩国语教师充分认识到韩国语教学与母语教学在本质上的异同。

（二）实践论层次

韩国语教学实践论应该以研究韩国语教育原则为主，从不同的角度可以制定出不同的韩国语教学原则。从语言的本质特征和韩国语教学的特点出发，可以提出以下五项韩国语教学实践的基本原则。

1. 系统原则

根据"语言是一个符号系统"的原理，韩国语教学中应突出语法教学的重要性。对韩国语专业学生的研究表明，学生所掌握的韩国语知识形成一个连续体，遵循从初级阶段向高级阶段发展的规律。新的语言知识的输入，再加上适当的交际实践，必然促进这一连续体向高级阶段的发展。因此，教师要充分利用这一原则进行韩国语教学。

2. 交际原则

学习韩国语的最终目的是进行交际。韩国语交际能力包括准确接受信息和发出信息，这意味着需要全面培养学习者的听、说、读、写能力。语言知识的积累可以提高交际能力，交际等实践活动可以巩固语言知识。

3. 认知原则

韩国语教学中的认知原则包含两个方面：一方面应考虑到学生原有语言知识对韩国语学习的影响；另一方面应考虑到学生不同的学习策略和记忆习惯的作用。研究表明，不同学生有不同的认知特点。因此，教师应注意引导学生发挥主观能动性，培养自己的学习方法和习惯。

4. 文化原则

跨文化意识的培养是韩国语教学的一个重要组成部分。对韩国语词义的准确掌握，依赖于对其文化的理解。在韩国语教学材料的选择中，应特别注意遵循文化原则，尽量选择富有时代气息和文化特征的语言材料。

5. 情感原则

情感原则是指教师要对学生学习韩国语的动机和态度加以引导，对学习过程中学生的其他情感因素，如性格、兴趣、情绪等予以激发。一般来说，韩国语专业学生的动机可分为综合型和工具型两种。

学生个人的性格也是韩国语学习中的一个重要情感因素，乐观且有逻辑的学生往往更容易获得好的学习结果。另外，受外界因素的影响，学生会出现焦虑、沮丧、烦躁不安等情绪，韩国语教师应注意对学生情感因素加以引导。

以上从语言本质特征和韩国语教学特点的角度出发，讨论了韩国语教学过程中应遵循的五大基本原则，它们应体现在教学大纲的制定以及整个韩国语教学实践中。在贯彻以上原则时，应充分意识到教学目标的相对限定性与学习者学习过程中思维的相对发散性、教学结构的预置性和教学过程中操作的随机性、教学大纲的相对稳定性和教学实施中的相对灵活性、阶段目标的相对独立性和总体目标的相对繁复性等一系列问题。

（三）方法论层次

韩国语教学工具论研究包括韩国语教学组织形式、教学手段和教学方法等的研究。韩国语的教学形式可以是课堂教学，也可以是个别辅导或参加社团活动等；其教学手段包括现代化的电化教学、计算机辅助教学等。韩国语教学工具论中最重要的研究内容是韩国语教学方法。对韩国语教学方法的研究必须基于以下几点认识：教学方法服务于教学目的，教学方法本身并无优劣；教学方法的使用必须具有灵活性和实际可操作性；教学方法意味着一种解决问题的途径和手段，并非一成不变；现有的大多数韩国语教学方法都是在一定的语言学、心理学和教育学理论的基础上形成的，有其特定的历史条件，我们在"拿来"时必须考虑我国高校韩国语教学的实际，必须将其与我国韩国语教学目的和教学条件相适应。

第二章　高校韩国语课程研究

相比英语等广泛使用的外国语，韩国语教育具有不同的特征：一是学习时间短而学习内容多；二是学生入学前韩国语基本是零基础，但是学生为了毕业后就业的需要，在四年内既要学习语言知识，又要学习文学文化知识和就业相关知识。本章主要针对高校韩国语课程进行研究，深入分析课程理论指导下的韩国语教学、中国高校韩国语课程的具体内容。

第一节　高校韩国语课程相关研究

一、韩国语专业的教学问题

韩国语专业在教学方面的问题可以概括为以下两点。

第一，教学模式过分依赖语言知识的传授而忽视了学生综合素养的培养。以应试为主要目标的教学和学习在较大程度上影响了韩国语的教学效果。应试教育模式缩小了教学和学习的目标，使教师和学生不敢扩展教与学的内容，怕影响考试成绩；偏离了真正的教与学的目标，忽略了跨学科交际能力等整体素质的培养。

第二，韩国语专业毕业生的局限性一般表现为技能单一、社会适应性不强。此外，韩国语的学习要靠大量阅读来进一步提高语言能力，通过阅读帮助学生深入理解对方国家社会和文化，增强学生跨文化意识。然而，大部分学生，四年的学习时间里只抱着几本教材学习，阅读量偏少，知识结构极其单一。

二、韩国语课程教学的问题

（一）高校韩国语教学方法陈旧

现阶段，中国高校韩国语专业均呈现蓬勃发展的趋势，学习韩国语的学生逐渐增多。然而韩国语课程的教学方式仍比较陈旧，不能很好地适应当代大学生语言学习需求。高校韩国语教师的教学仍然存在只是根据教材进行讲解，不能充分调动学生学习韩国语的积极性的问题。韩国语课程教学发展迅速，许多高校需要大量的韩国语教师，但不少教师的教学经验不够丰富，加之教学方法僵化，不能够有效运用多种教学手段，学生学习韩国语的效果大大降低。

（二）教材大幅落后时代

部分高校在韩国语教学过程中，依旧使用旧的教材，教材中的场景以及例文多年不变，无法紧跟时代脚步。

（三）师资力量较薄弱

当前阶段，大部分高校韩国语教师并没有潜心研究韩国语文化的背景，在韩国语课程教学过程中甚至无法给予学生正确的文化层次的引导。此外，高校对韩国语教师的教育培训安排得比较少，教师教学的任务也比较繁重，很难抽出时间进行韩国语教学研究，这无疑会影响高校的韩国语教学质量和韩国语科研能力的提升。

（四）教学目标不明确

现阶段，中国高校有一部分韩国语教师对课程的认识不充分，教学目标不够明确，在这种情况下，韩国语教学方向出现一定的偏差，会造成大量的时间和精力的浪费，使得韩国语课程教学的质量无法得到保障。

三、韩国语专业课程设置相关研究

国内设有韩国语专业的高校通常有各自的课程设置方案，但是，与课程设置方案有关的研究却不是很多，课程设置方案改革的研究更是稀有。朴春燕归纳、总结了国内韩国语专业文化教学所体现的问题，并基于对国内韩国语教材的分析、学生需求分析，提出了符合国内教学特点的韩国语教学课程设置方案。[①] 着

---

① 朴春燕. 中国韩国文化课程设置设计研究 [D]. 首尔：庆熙大学，2010.

眼于国内韩国语翻译课程教学上的几点问题，孙淑兰提出了几点改革建议，如进行基于市场需求调查的教材开发、优化翻译领域师资队伍结构、加强国际交流、建立翻译服务中心等。①

李静借鉴"博洛尼亚进程"在学位体系和校际合作等方面改革的成功经验，归纳、总结了韩国语专业人才培养方案在实施中存在的问题，主要围绕课程设计、授课模式、学时分配提出了以模块化、国际化和应用型为核心的"双校园"制中外合作办学项目新方案。② 金顺姐总结了辽东学院韩国语专业人才培养方案改革的成功经验，包括该学院韩国语专业在课程设置与建设、教学改革、实训环境与基地建设方面取得的显著成效。③

第二节　课程理论下的韩国语教学

一、课程的概念

课程决定着学校的教学活动和教学内容，根据研究内容与研究对象的不同，课程理论也是多种多样的。采用的课程理论不同，教学活动也会有所不同。为了更加明确本研究所指向的课程，我们将来厘清课程的概念，再研究课程理论。

课程是"为什么、讲什么内容、用什么方法、按照什么样的程序、怎么传授、如何评价等问题的计划或环节"的总称。教育目标、教育内容、教学组织、教材、教学方法、教学评价等都包括在课程之内。因此，本研究将以中国高校韩国语专业整体课程体系下的职业用途韩国语课程体系的目标、内容与组织为中心展开研究，内容包括职业用途韩国语教育的时限、教学科目、科目内容、教学科目开设时间与课时数等。

---

① 孙淑兰. 中韩交流与中韩——韩中翻译人才培养方案的研究 [J]. 科教文汇（中旬刊），2014（1）：134-140.

② 李静，夏蓓洁. "双校园"制人才培养方案构建实践——以"博洛尼亚进程"为指导 [J]. 教育观察（上旬刊），2014，3（7）：38-41.

③ 金顺姐. 重点与特色专业建设的探索与实践——以辽东学院朝鲜语专业为例 [J]. 牡丹江大学学报，2012，21（5）：185-187.

二、特殊用途韩国语课程

特殊用途英语教育是指基于学习者的技能性、实用性的需求而聚焦于交际活动及语言技能的教育。特殊用途外国语教育的概念源于 20 世纪 70 年代的欧洲委员会（Council of Europe）。当时，非英语国家的人开始移民到英语国家，为了更好地就业，越来越多的人选择学习英语，因此，英语国家及非英语国家都开始教授基本的英语。随后，与职业相关的专业英语也逐渐形成了一种课程的模型，即特殊用途英语课程。

特殊用途韩国语同样也是一门学习者在从事某项特定工种前针对该专业领域所需要的韩国语知识及经验进行学习的韩国语课程，也可以作为特定职业从业人员、临时职员或体力劳动者进修的韩国语课程。

特殊用途韩国语教育具有如下几个特性。

第一，学习目标与学习者的职业有关。

第二，学习者与学习环境多样。

第三，教育者需要综合使用以沟通为中心的教学模式与以内容为中心的教学模式。

第四，教育者需要具备双重知识结构。

第五，开发职业用途韩国语课程需要对如何区分一般用途课程和特殊用途课程进行严密的分析。

三、韩国语课程开发与设计理论

本研究在对韩国语专业毕业生进行需求调查的基础上进行课程开发，即以学生为中心进行课程开发。调查的对象不是韩国语专业在校生，而是已经就业的韩国语专业毕业生。之所以如此选择，主要是考虑到韩国语专业在校生没有工作经验，对课程没有形成问题意识。而与之相反，已经就业的毕业生对韩国语专业的课程非常了解，结合自己多年的社会工作经验及知识背景，能够更客观、准确地了解现行高校韩国语课程的问题，并且能够准确提出自己的语言和技能需求。与此相比，以教师为中心的语言教授往往对学生的需求考虑不足，造成了教学时间上的浪费。因此，在以就业为目的的语言学习过程中，教师要引导学生去学习其就业所需要的知识和技能。同时，从学生的角度出发，提高他们的学习效率。但是，在开发高校韩国语系的课程时，开发者不能只顾满足学生的需求，也需要考虑高校课程的性质与体系。

第三节 中国高校的韩国语课程

一、培养目标

国内开设韩国语专业的高校分布较广，因此，每所高校的韩国语专业往往有着自己的特色，在教育方针、教学内容、学生就业去向、培养目标等方面也都存在着差异。

与韩国语基础知识和语言技能有关的 4 种韩国语习得标准如下所示。

（一）习得标准

（1）语音语调要准确自然。

（2）能明确语法概念，在进行写作训练时，要做到语法运用准确、表达得体，作文符合写作规律。

（3）能熟记 12000~14000 个单词，并熟练使用其中的 7000 个单词，具备扎实的听、说、读、写、译能力。

（4）听、说、读、写、译能力标准。

听力标准：能够听懂韩国广播节目 KBS 中的有关政治、经济贸易、文化、教育、科学技术的新闻及直播节目，在处理业务及与专家对话时能够理解 80% 以上。

口语能力：日常生活中，流畅地使用韩国语进行对话，能围绕中韩两国的方针、政策、相关业务等方面进行讨论式对话，能够就相关业务情况流畅且准确地向对方进行介绍，并能就对方提出的问题进行较准确的回答。

阅读能力：能够阅读韩国语的期刊、韩国语方面的文章及一般性的韩国语原著，应在 4 年内阅读 80 万字以上。

写作能力：比较熟练地编辑与业务相关的文案、信件及实用文体。学士学位论文的问题规整，文句连接自然。

翻译能力：能对政治、经济、贸易、文化、教育、科学技术、旅行等方面的文章进行两种语言之间的笔译，且译文自然并符合原文意思；韩译中每小时能笔译 300 字以上，中译韩每小时笔译 900 字以上；能对一般介绍性内容进行口译，相关业务的口译能够同时翻译。

（二）非通用语言学科的培养目标

学生能够掌握所学外语的听、说、读、写、口译/笔译等语言技能，能够较熟练地使用外语，掌握所学专业外语对应国家的文学、历史、文化、政治、经济等领域的知识。学生具备多文化间的转换能力，能够从事外交、国际文化交流、企业管理、新闻出版和外国语教育等领域的工作或者能够运用所学专业知识开展本专业或者相关专业的研究工作。

根据上述内容，中国高校的韩国语专业培养目标不仅是单纯的语言传授，还包括其他知识的教授。此时的培养目标可以划分为3个层面：①韩国语技能；②关于朝鲜半岛的文学、历史、文化、政治、经济等领域的知识；③为激发职业能力，为就业做准备的相关知识。表2-1是几所高校的韩国语系教育培养目标。

表2-1　各高校韩国语系教育培养目标

序号	高校名称	培养目标
1	济南大学	本专业培养德、智、体、美全面发展，人文素质与科学素养深厚，基础扎实、实践能力强、具有创新精神的高级复合型专门人才。毕业生可以胜任外经、外贸、外事、旅游、教育等部门以及各类企事业单位中的朝鲜语翻译、管理、教学等工作
2	曲阜师范大学	本专业培养德、智、体、美全面发展，全面掌握韩国语基本知识与能力，掌握韩国文学、具备深厚的人文素养和国际化视野，能够胜任翻译、研究、教学、管理工作的韩国语专门人才
3	青岛理工大学	韩国语专业培养具有扎实的韩国语语言基础，具有较为丰富的语言、文学、商务和跨文化交际的知识，具有较强的实践创新能力、一定的科学研究能力，能娴熟地运用韩国语在外事、教育、文化、新闻出版、商务、贸易等部门从事翻译、研究、教学、管理等工作的应用型韩国语人才。注重培养学生的语言基本技能、独立思考能力、思辨能力和创新能力，培养学生良好的思想道德素质、文化素质和心理素质

序号	高校名称	培养目标
4	烟台大学	本专业培养德、智、体、美全面发展，适应 21 世纪社会发展需要，具有扎实的韩国语语言基础和文化知识，出众的韩国语交际能力、良好的韩国语文化素养，能从事外事、经贸、文化产业（创意）、新闻出版、教育、旅游、物流等部门工作的高级应用型人才
5	山东理工大学	培养具有扎实的韩国语语言基础、丰富的文化知识、较高的人文修养、较强的专业实践能力和创新精神，能熟练运用韩国语在外事、经贸、金融、科技、教育、企业等部门从事翻译、商务、教学、研究等工作，并能够熟练运用计算机技术和第二外语的应用型高级韩国语人才
6	鲁东大学	本专业旨在培养适应区域经济社会发展需要、德才兼备、具有扎实的韩国语语言基础和较强的韩国语语言沟通力、具有创新精神和国际视野、广博的文化知识和较高的人文修养、较强的开拓精神和综合应用能力，且能胜任企事业单位所要求的翻译、商务、管理等工作的国际型、复合型、应用型韩国语专业人才

不难发现，上述 6 所高校的培养目标都提到了管理能力。聊城大学、临沂大学、齐鲁农业大学、山东工商学院等高校的培养目标也明确提出了"翻译、管理"等内容。

知识构造重视的是培养知识复合型人才。大部分高校将人才培养细分为对外贸易、外事、旅游、教育部门和企业、政府机关等工作岗位。鲁东大学虽然没有如此详细的表述，但是提出"能胜任企事业单位所要求的翻译、商务、管理等工作的韩国语专业人才"。如果培养目标提出了上述职业导向的韩国语人才培养内容，那么教育者在设置教学科目时就需要考虑贸易、外事、旅游等相关学科。另外，应用型高校的知识构造也重视培养知识复合型、学习型人才。济南大学、青岛理工大学、鲁东大学都提出了培养复合型韩国语人才的目标。所谓的复合型韩国语人才不仅要具备韩国语专业知识，还要兼备其他专业知识。大部分高校为了培养能够胜任"贸易、旅游、出版"等职业的人才，将贸易、旅游、出版业等相关知识列入了教育内容。

应用型人才的能力构造是指灵活运用科学理论知识解决问题的能力和强大的社会能力。活用科学理论知识解决问题的能力就是应用能力和实践能力。社会能力指语言表达能力、自信能力、团队精神、合作能力、社交能力。学习者应通过学习培养这些能力，更应通过参与实践活动强化这些能力。因此，想要学生具备应用能力、实践能力、社会能力，就要在教学进程中尽可能多地设置实践环节。烟台大学、青岛理工大学、鲁东大学都明确培养"实用型"人才的目标。济南大学、山东理工大学、鲁东大学更是提出了培养"实践能力强的人才"的目标。青岛理工大学则提出培养"实际业务能力强的人才"的目标。

在培养目标中，各高校对职业指向的描述具有相似性与广泛性的特点。在表2-1中，6所高校都有培养从事对外事务、经济贸易、文化、出版、教育、旅游等人才的目标。教师需要结合各所高校的特色及其地域特点来进行韩国语人才的特色培养。

二、教学科目

中国高校韩国语课程，不仅将韩国语的习得作为目标，而且综合了韩国语教育之外的其他职业领域将复合型人才的培养作为目标。中国教育部2009年颁布的《高等学校本科外语非通用语种类专业规范》对中国高校外国语非通用语言学科的教学课程做出了如下规定：

非通用语学科专业课程分为专业技能课程、专业知识课程、跨专业知识课程3部分。

（1）专业技能课程：综合训练课程和训练各种外语技能的课程。核心课程是基础外语、高级外语、语音、听力、视听说、会话、报刊选读、写作、口译、翻译等。

（2）专业知识课程：专业外语语言、文学、文化。核心课程是语言学、外语对象国家（地区）的社会文化、专业外语文学史、文学史、文学作品选读、论文写作等。

（3）跨学科知识课程：跟专业有关的其他专业知识课程。即，外交、国际法、国际金融、国际贸易、管理、汉语语言文学、新闻、教育、科学技术、文化、军事等领域相关的基础知识课程。根据需要，学校也开设外交学、国际关系、西方政治制度、国际法入门、语言学习理论、英语测试、英语教育史、中国文化概论、现代汉语、传播学、国际贸易实务、国际商业概论、经济学概论、国际金融概论、国际企业管理概论、统计学入门、世界科学技术发展史、计算机等选修科目。

（一）教学科目的构成

各所高校的韩国语系教学科目的构成具有相似性，大部分分为通识科目、专业科目、实习及毕业论文三大部分。每所学校的教学科目构成并不完全相同，比如，部分课程的名称、学分比率会有所不同。这一点可通过下面山东理工大学与青岛理工大学等高校的教学科目构成进行说明。表 2-2 为山东理工大学韩国语系教学科目构成表。

表 2-2　山东理工大学韩国语系教学科目构成表

课程性质	课程类别	应修学分	比例
必修课程	通识教育必修课程	42.5	23.35%
	学科基础课程	54.5	29.95%
	专业课程	48	26.37%
	实践环节	23	12.64%
选修课程	通识教育核心课程	10	5.49%
	通识教育任意选修课程	4	2.20%
总学分		182	100%

通过表 2-2 可以看出，山东理工大学韩国语系的教学科目构成首先分为必修课程与选修课程两大类别。必修课程包括通识教育、学科基础课程、专业课程和实习教育。

学科基础课程和专业课程是专门为韩国语系专业的学生开设的教学科目。学科基础课程作为打基础的科目，主要包含韩国语基础知识及技能课程，主要涉及综合韩国语（基础韩国语、中级韩国语）、韩国语会话、韩国语听力、韩国语阅读等科目，开设于第 1~4 学期。专业课程是在学生具备基础韩国语能力后开设的后续能力提升课程，包括高级语言文学知识、韩国社会文化及职业相关知识的课程，主要开设于第 5、6、7 学期，即第 3、4 学年，例如，高级韩国语、韩国社会与文化、韩汉翻译、贸易韩国语等课程。

选修课程包括通识教育核心课程和通识课程任意选修课程。表 2-2 中的选修课程是指与本专业无关，面向所有专业学生开设的课程。通识教育核心课程是学生自第 2 学期开始必须选修 5 个领域的课程，且学生每个领域所修学分不少于 2 个学分。5 个领域分别指文学艺术、哲学历史、经济社会、创新创业、科学技术。通识课程任意选修课程是这 5 个领域之外的内容。实习实践部分主要包括毕业论文、毕业设计、韩国语实训、社会实践等内容。

青岛理工大学的教学科目构成（见表2-3）主要包括通识课程、学科基础与专业基础课程、专业课程和实习课程。

表2-3 青岛理工大学的教学科目构成表

类别	学时		学分	
	课内学时数	占课内学时比例	学分数	占总学分比例
通识课程	668	29.3%	42	24.7%
学科基础与专业基础课程	848	37.1%	53	31.2%
专业课程	768	33.6%	48	28.2%
集中性教育实践环节			27	15.9%
合计	2284		170	100%

青岛理工大学的通识课程的设置与山东理工大学相似。学科基础与专业基础课程主要开设于第1~4学期，主要包括韩国语基础听力、口语、写作、阅读等科目。专业课程除了高级韩国语口语、写作、阅读、听力等科目外，还开设口译/笔译、文学、语法、语言学等高年级课程。学科基础与专业基础课程、专业课程全部属于针对韩国语系学生开设的课程，可以看作相同领域。

韩国语系的专业课程可以分为语言技能课程、韩国社会文化与文学课程、职业用途课程3大类别。除了综合韩国语、听力、口语、写作、翻译等语言技能课程之外，韩国语系还开设了韩国社会文化、韩国文学、韩国语言学等科目。上述这两部分课程均属于学术用途韩国语课程。另外，为了培养复合型人才，韩国语系还开设了如"贸易韩国语"之类的以就业为导向的韩国语课程和其他专业的课程。而北京大学作为以理论研究为主的高校，并没有开设职业用途的相关课程。贸易韩国语作为一门韩国语课程，在大部分高校中都得到了开设，根据学校的不同也会以商务韩国语、经济贸易韩国语等课程名称出现。

中国高校普遍存在着将贸易韩国语与商务韩国语混用的现象。具体表现在课程名称为贸易韩国语，而教材往往采用名为《商务韩国语》的教材。与其相反，课程名称为商务韩国语，而教材有时却采用《贸易韩国语》的教材。另外，还存在教材名称矛盾的现象，如教材的中文名称为《经济贸易韩国语》，而韩国语的名称为《商务韩国语》。

韩国语系的专业课程一般细分为学术用途的专业课程与职业用途的专业课程两大类别。大部分高校都选择开设了商务或经济贸易方向的职业用途类专业课程并将之作为专业方向。其作为一种细分的专业方向，以培养特色人才为目的。

复合型韩国语人才的培养需要与其他专业相结合，但这不意味着必须与商务或贸易相结合。韩国语专业与其他专业的结合需要匹配所在区域经济的特色。

（二）职业用途韩国语课程

1. 职业能力类韩国语课程

职业用途的教学课程可以分为两类：第一种是职业能力类韩国语课程，即用韩国语讲授业务知识的教学课程，如贸易韩国语、旅游韩国语等；第二种是相关专业的教学课程，一般使用中文讲授，如财务管理、国际商法等课程。另外，实习教育环节也是培养职业能力的重要组成部分。

当前，有的高校开设的职业用途韩国语课程较少，而有的高校则开设了比较多的职业用途类韩国语课程。每所高校都有着不同的办学理念和培养目标，再加上我国疆域辽阔，每个地区都有着独特的地域特点。因此，以职业能力培养为目的的课程开设呈现出多样化的特点，例如，北京大学的韩国语系没有开设以培养职业能力为目标的课程。北京大学作为中国高水平大学，办学重点在于学问而非就业。相反，也有很多高校开设了职业用途韩国语课程。例如，扬州大学开设了韩国经济和韩国观光贸易课程。

每所高校开设的职业用途韩国语课程都有所不同，大致可以分为 4 个类别：

第一，开设为必修课程。

第二，开设为一般选修课程。

第三，首先将专业分为几个专业方向，然后根据专业方向的不同进行选修课程的开设。例如，青岛农业大学将韩国语专业细分为经济贸易方向与语言方向，而职业用途韩国语课程则主要面向经济贸易方向的学生开设。

第四，同时开设必修课程与选修课程，即职业用途韩国语课程中既有必修课程又有选修课程。学校多开设一些课程有很多益处，但是在大多数学校，韩国语系属于规模较小的学科，每个班的学生数在 30 名左右。因此，由于学生数量、经费及师资不足等问题，大部分高校的韩国语专业都未能开设较多的职业用途课程。苏州工程学院开设的职业用途课程不仅包括理论课程，而且包括实践课程。例如，其开设的国际贸易理论与实务课程，学分的设置为"1+1"形式，其中的 1 学分属于理论课程部分，另外 1 学分属于实践课程部分。

高校开设的以培养学生的职业能力为目标的课程根据授课语言大体可以分为三个类别：第一，使用韩国语授课的课程。课程名称中包含"韩国语"的课程全部属于使用韩国语授课的课程，如贸易韩国语、旅游韩国语等课程。第二，使用中文授课的课程。课程名称中不含有"韩国语"的情况一般采用中文授课，如国际贸易理论与实务、国际营销等课程。第三，使用英语授课的课程。课程名称使用英语或课程后面标注英语的课程均使用英语进行授课。

以培养学生的职业能力为目标的课程基本集中在第5、6、7学期开设，在第8学期几乎所有高校已经结束了课程，此时，学生一般进行实习及准备毕业论文。在第1~4学期，学生主要学习韩国语基础知识并进行听力、口语、阅读、写作及翻译等语言技能的训练，其韩国语水平还不足以支撑其进行业务知识的学习。另外，因为以培养学生的职业能力为目标的课程是职业用途课程，所以它开设于学生即将就业的毕业前期能够取得更好的效果。

以培养学生的职业能力为目标的课程的开设课时数与该课程的学分相关，每所高校的课时数均有所不同。例如，北京大学没有开设以培养学生的职业能力为目标的课程，因此课时数为零。同时也有部分院校非常重视此类课程，开设了较多的课时数。

各高校所开设的以培养学生的职业能力为目标的课程也会根据各高校的办学理念与地域特色的不同而有所不同，所开设课程的名称也不尽相同。总体开设较多的课程有贸易韩国语、商务韩国语、商贸韩国语，其次是旅游韩国语、科技韩国语、韩国礼仪等。

2. 实践教育

实践教育环节主要包含毕业论文、毕业实习、韩国语技能训练、社会实践等内容。山东理工大学为了提高学生的韩国语应用能力，开设了韩国语语音实训、韩国语翻译实训（Ⅰ，Ⅱ）和韩国语毕业实习等课程。韩国语毕业实习指学生到拟就业的职场或者感兴趣的单位进行6周的实习。韩国语语音实训、韩国语翻译实训Ⅰ、韩国语翻译实训Ⅱ均在学校的教室内进行。韩国语语音实训是通过专门发音训练设备让学生听音并模仿发音的课程。韩国语翻译实训是将中韩笔译、韩中笔译及韩国语口译等课程中学到的理论知识运用到实践中，进行翻译训练的课程。表2-4为青岛理工大学的韩国语实践课程。

表2-4　青岛理工大学的韩国语实践课程

课程名称	学分	开设学期
语言文化实习	1学分	第5学期
经贸交流实习	2学分	第6学期
韩国语高级会话训练	1学分	第7学期
毕业实习	4学分	第8学期

在青岛理工大学的上述实践课程中，语言文化实习和经贸交流实习是非常重要的课程。语言文化实习课程的上课方式多样且教学内容非常丰富。例如，学校和教师可以采用影视配音大赛的形式来提高学生的口语水平；还可以通过举办韩国饮食体验大会的方式让学生学习韩国料理的制作方法，待学会后，学生可以亲自制作并销售韩国料理，以此来积累经验；还可以通过举办韩国传统运动会的方式加深学生对韩国传统文化的理解。在经贸交流实习课程教学中学生需要实赴几家公司进行访问，学习公司的运行管理模式并了解公司的历史、特色及对人才的需求和要求。另外，学校也可以邀请公司管理者参与模拟面试及大学生心理调查等活动。在韩国语高级会话训练课程教学中，教师可以通过设置某种情境集中对学生进行口语练习、辩论比赛和演讲大赛等项目的训练。毕业实习课程是指学生在毕业之前到拟就业的单位，或者感兴趣的单位去实习。

一般情况下，教师在教室进行就业知识的介绍，并设定情境对学生进行模拟求职及翻译等训练。学校有时会邀请相关企业的韩国语专家到校进行特殊用途的讲座，但是这样的形式无法帮助学生积累实践经验，因而无法真正提高学生的实践能力。另外，大部分的高校教师自身职场经验不足，在对学生进行职业知识介绍及组织职场会话训练时也面临着很大的困难和挑战。虽然学生毕业之前会到拟就业的单位或者感兴趣的单位进行为期几个周的实习，但是实习单位往往需要学生自己去找，这就导致有的学生找不到单位实习，有的学生会到与专业毫无关系的单位实习。因此，学校需要为学生提供更多与韩国语有关的实习基地。

第三章　韩国语学习的特点分析

作为语言的一种，韩国语除了具有语言的一般特性外，还具有一些自己的特点。因此在学习韩国语的时候要在外语教学的理论基础上，分析学习主体、学习客体、汉语和韩国语的异同点。

第一节　韩国语学习主体分析

外语教学理论研究中，外语学习主体的研究始终占据重要的位置。这不仅因为对外语学习者进行研究可以使我们深刻认识外语学习过程的特点，从而使我们设计和创造出更加契合外语学习客观规律的外语环境、外语课程和外语教学活动；而且对外语学习特点与母语习得特点的比较，将有助于我们更好地理解什么是语言、语言有什么功能等重要理论问题，从而丰富普通语言学的研究内容。

一、年龄

我们凭直觉和经验可以得知，年龄在母语和外语习得过程中是一个十分重要的生理因素。从母语习得研究来看，儿童如果过了一定的年龄，即使有语言环境也很难顺利地习得一种语言。对狼孩以及其他脱离正常人类生存环境至一定年龄而未习得人类语言之类情况的研究就是一个明证。这在语言习得研究中称为"关键期假说"（Critical Period Hypothesis，CPH）。从目前的研究情况来看，关键期到底几岁终止很难达成一致的看法。很多研究者采用"发育期"一词，但这显然是个模糊的概念。可以设想，人脑中确有一个大脑功能相对区域化的过程，但这一过程是相对缓慢的。5 岁左右可能是大脑内部整理的高峰时期，其后仍有一个缓冲期。而在婴儿 2 岁或 1 岁前（因人而异）由于未正常发育，语言功能是逐渐从零向起始状态过渡的过程。因此，我们认为，关键期实际上是一个有点像一个不规则的倒 V 形的连续体，其起止界限并不是突然的、清晰的。

从目前的研究结果来看，有关年龄因素对外语习得影响的认识可以做以下小结：学习外语的起始年龄对习得程序的影响并不是很大；任何年龄开始学习一门外语都有可能获得成功；学习外语的起始年龄对习得的速度和效率的影响相对较大。在语法、词义和词汇方面，少年比儿童和成年人表现更为出色（如果学习时间相等）；学习时间长短会对习得的成功程度有影响。学习时间的长短与整体交际能力的获得关系极为密切，但起始年龄对将达到的精密程度又起着决定性因素，尤其是在语音方面。

关于年龄因素对外语习得的影响有多种解释，一种就是前面提到的生理方面（关键期）的解释，还有从认知角度、情感角度对此做出的解释。这一内容后面还要提到。

有关年龄因素对外语习得影响的讨论对我国外语教育政策的制定和外语课程的设置有着十分重要的意义。我国人口众多，教育相对落后，国家对外语教育的投入有限。如何使有限的资源产出较大的效益，是一个极具战略意义的问题。根据观察和有关资料显示，小学就开始学习外语的学生比初中开始学习外语的学生在总体的外语能力方面并无明显的优势。另外，如果能有自然的语言环境，年龄小的学习者最终获得的外语能力会有较大优势。然而，从我国大部分开设外语课程的小学师资条件和教学环境来看，年龄这个优势并没能得到充分的开发和利用。因此，我们认为，从社会角度，对有特殊要求（如智力开发、跨文化交际）和特殊条件（语言环境、经济状况）的家庭可鼓励其子女在小学阶段就开始学习外语；从政府和教育管理部门的角度，除保证一部分重点小学和特殊目的教学外，考虑到人力、财力和效益的关系，似乎可以鼓励社会力量从事低年龄学生的外语教育工作，以满足部分特殊家庭的特殊需求。同时集中精力，抓好初中阶段的外语起始教育，因为这一阶段恰好是学习外语的最佳年龄（12~15 岁）。

从近年来上海外国语大学附中的毕业生情况来看，一是其外语基本功非常扎实，进入大学后与普通中学的学生相比，其整体外语能力远胜于普通中学的毕业生；二是虽然外语附中对外语教学有着特殊的要求，课时较多，但学生的其他各门功课成绩并没有因此受到影响，反而超过其他重点中学的学生。近年来，许多大城市小学毕业生报考外语学校的人数远远超过其招生名额。在目前的形势下，如果国家有关教育行政部门能组织力量认真总结外语学校的成功经验，大力推广和普及外语学校的教学模式和教学经验，这可以满足社会民众的迫切需求，对提高我国外语教育的水平也具有重要意义。

二、智力

智力指的是掌握和使用各种学习技巧的能力。在母语习得过程中发现，智力并非决定性的因素，除非是智障儿童，一般儿童都具备获得完整语法的能力。

智力因素的讨论对外语教学的启发是：不同智力程度的学习者如果采用不同的学习方法或对他们采用不同的教学方法，其学习效果可能会更好；侧重点为语言交际的外语教学活动对智力一般的学习者更为有效；侧重点为语言形式分析和记忆的外语教学活动可能更有利于智力较高的学习者。

三、语言潜能

语言潜能指的是学习者所具有的某种能力倾向。可以分为三个方面：语音能力，指识别语音成分及将其储入大脑的能力；语法能力，指识别语言中句法结构的能力，这一能力并不是指语言学习者实际了解一些语法术语，而是在学习语法或组词造句时所表现出的一种潜在能力；推理能力，这种能力指语言学习者分析语言素材并由此确定意义与语法形式之间关系的能力。

20世纪60年代，随着"语言能力"一说在语言学界和外语教学界争论的展开，人们对语言潜能又有了新的认识。

这里有两个问题在研究学习者语言能力时应该引起足够的重视：母语的习得似乎与一个人后来表现出来的智力倾向联系不大，即智力表现一般的人也能较完美地掌握和使用母语。但是，外语学习的成败与学习者潜在的语言能力和其他智力倾向有密切关系，这是否意味着母语和外语的习得遵循的是完全不同的规律？语言交际能力和语言知识不一定呈平行发展的趋势，这是否意味着语言能力和交际能力属于两种不同的能力，具有不同的生理和认知基础？

从语言知识角度来看，婴儿学习母语是一个从无到有的过程，而外语学习则是在已具备了一套具体语言规则的基础上进行的，已有的语言知识不可避免地将成为学习外语的参照系，原有的语言知识也必然会发生迁移。

从交际能力的角度来看，婴儿学习母语是一个社会化的过程，是一个确定自己社会角色、接受社会规约和文化价值的过程；而对外语学习者来说，他的社会身份已经确定，语言中的指示转移原则已经掌握，外语交际涉及跨文化的问题，语言规则和交际准则的矛盾突显了出来。

从认知能力角度来看，婴儿学习母语是一个学会用母语来认识周围世界、判断事物的过程，也是一个学会用语言进行思维的过程；而对外语学习者来说，他已经完成了依靠语言社会化的过程，认识基础发生了变化。另外，母语学习往往是在一个自然环境中进行的，语言的学习往往是一种无意识的认知活动。研究表明，所有外语学习者在学习过程中，都会自觉或不自觉地利用四种原有的知识：关于人类语言和语言交际本质的一般知识；母语结构的特殊知识或其他所知语言的知识；目的语的知识；各种非语言知识。显然，这种认知活动在母语学习过程中是不存在的。

语言潜能的研究主要是想证明人们关于个人语言学习能力有差异这一直觉。然而，除了学习语言所必需的听说能力外，对语言学习潜能与一般智力到底是一种什么样的关系，语言学习能力的组成成分是什么，它与绘画、音乐方面的天赋是否一样，男女在语言潜能上是否有差异等问题，至今人们还无法取得一致的认识。我们倾向于认为，除了天生的语言听说能力外，外语学习潜能与人的一般智力水平有极大的关系，同时也与一般的认知风格和学习策略有关。语言学习潜能其实就是对语言特征的敏感性。它与环境和学习者的兴趣等还有一定的关系。外语学习潜能对外语习得的影响主要体现在速度方面，且有一定的限度，因为不同能力类型的学习者可利用某一方面的优势来克服另一方面的缺陷。

正因为外语学习与母语学习相比具有一种完全不同的认知基础，因此，外语教学大纲的制定和教材的编写就应该充分考虑这种新的认知基础，鼓励学习者更好地利用其原有的知识，运用其已经得到充分发展的分析和归纳的能力。同时，在外语词汇教学中，教师应该注意学习者母语词汇系统与新的词汇系统之间的差异，培养学生对文化差异的敏感性。另外，在语言使用规则的教学中，教师应该更加注意交际能力中文化因素的作用，使学习者的外语知识和外语交际能力能够得到同步发展。

四、认知风格

认知风格主要指人们接受、组织和检索信息的不同方式。研究者们分为两种类型的风格，即场依赖型风格和场独立型风格。场依赖型风格的特点是：依靠外部参照系处理有关信息；倾向于从整体上认知事物；往往缺乏主见；社会敏感性强，易与他人进行交际。场独立型风格学习者的特点是：以自我为参照系；倾向于分析；具有独立性；社会交往能力相对较弱。

研究者们发现，场独立型学习者倾向于在模仿句子时省略小项目，保留整个短语，而场依赖型学习者正好相反。场依赖型学习者在自然环境下学习外语更易成功，而在课堂教学环境中场独立型学习者可能更占优势。但是这方面的研究还缺少实验的证据。情况很可能是：不同的学习目的和任务、不同的学习环境需要不同的认知风格或学习策略。我们认为，如果教师了解不同学习者的不同认知风格，针对不同的学习任务、不同的学习环境，注意发挥其特长，并能相应地对学生的学习策略和认知风格加以引导，将对学习者外语习得起到积极的促进作用。

五、外语学习者的情感因素

从教育心理学的角度看，学习过程中影响学习效果的最大因素之一是学习者的情感因素。

情感因素也是外语学习区别于婴儿学习母语过程的一个很重要的方面。一般来说，婴儿学习母语是一个自然的社会过程，学习语言是学习一种表达情感的方法，而外语学习则涉及角色转换等诸多的社会心理因素，有时甚至涉及个人尊严、伦理道德等方面的问题，影响外语学习的主要情感因素包括动机、态度和个性特征。

（一）动机和态度

动机是对某种活动有明确的目的性，为达到该目的而做出一定的努力。

态度应该包括：认知成分，即对某一目标的信念；情感成分，即对某一目标的好恶程度；意动成分，即对某一目标的行动意向及实际行动。

显而易见，态度作为一种情感因素，它对某一目标的具体实施和最终达到的成功程度是极为重要的。

态度与动机密切相关。如果对某一种语言抱有好感，对该语言的结构和表达法感到新奇，那么对这样的学习者来说学习该门外语是一个不断发现新鲜事物的过程，学习对他来说是一种乐趣；相反，把外语想象得过难，觉得外语表达法别扭，学习的效果就会受其影响。学习者对学习材料是否有兴趣、对教学活动的组织形式是否有兴趣，这些都会影响学习者的情绪和学习效果。教师的个性也是学生改变对外语学习态度的一个重要因素。教师的热情、活泼、博学多才会对学生和学习内容产生积极的影响。

态度对外语学习过程的影响主要通过动机。总的来说，态度影响和决定动机，当然，有时特殊的动机也会反过来作用于态度。

目前，对学习者动机和态度与外语习得之间关系的研究达成的共识包括：动机和态度是决定不同学习者取得不同程度成功的主要因素；动机和态度的作用与能力的作用不是一回事。最成功的学习者既有才华，又有强烈的学习动机；有些情况下，综合型动机有助于成功掌握外语，有时工具型动机也能对外语学习有帮助，有时两种动机同时起作用；动机的类型与社会环境有关；动机和态度主要影响外语习得的速度，对习得的程序并无影响。

随着改革开放的不断深入，我国对外国文化的态度有所转变。高校入学考试对外语要求的逐步提高，调动了全国千百万中学生学习外语的积极性。随之而来的"出国潮"更是将全国范围内，尤其是大中城市的"外语热"推向了高潮。

从外语学习的动机类型来看，在我国，绝大多数学习者持工具型动机。而且，由于我国特殊的教育体制，课堂教学中学生的任务动机以及由成功而转化的学习动机对外语习得更具作用和意义。

（二）个性特征

心理学上区分的"外向型"和"内向型"两种不同的性格对外语习得也产生了影响。

研究发现，外向型性格的学习者有利于获得更多的输入和实践的机会，但他们往往不注重语言的形式；而内向型的学习者可能更善于利用其沉静的性格对有限的输入进行更深入、细致的形式分析，尤其在注重语言形式和语言规则教学的课堂教学环境下占有优势。

教师对不同性格的学习者可采取的方法有两种：一是顺其自然，针对不同的学习任务在不同的场合注意发挥各自的长处；二是通过某些手段，促使不同性格的学习者向相反的方向做些转变，以适应各种不同的学习环境。

以上简要讨论了一些影响外语习得的学习者个人因素。国外有些研究者根据这些个人因素对外语习得过程影响的方式和程度，通过实验和对比，描述了"理想的外语学习者"的一些基本特征，虽不全面或确切，但对我们或许有些启发。这些特征是：能够适应学习环境中的团体活力，克服焦虑和干扰因素；寻找各种机会使用目的语；利用所提供的机会练习倾听针对他输出的目的语并作出反应，即注意意义而非形式；通过学习技巧来补充与目的语社团成员直接交往的不足；至少在语法学习的初始阶段，是少年或成年人而非儿童；具备足够的分析技巧以接受、区分和储存外语的特征，并监测错误；具备学习外语的强烈"整体动机"，并具有强烈的"任务动机"；愿意冒险，勇于实践；能够适应不同的学习环境。

第二节　韩国语学习客体分析

上一节我们分析了学习主体的特征，接下来我们讨论学习客体的特点，也就是韩国语这门语言本身的特点，分别从语音、词汇、语法三个方面来分析。

一、语音特点

韩国语共有 40 个字母，21 个元音和 19 个辅音。在韩国语字母的创制显示出很强的逻辑性和科学性。韩国语的 21 个元音和 19 个辅音字母并非分别创制，而是先创制基本字母，再用基本字母创制其他字母。

韩国文字由元音、辅音及韵尾组成。由单个元音或辅音与元音构成音节，再由音节构成单词。在语流中，语音并不是一个个孤立地发出，而是连续发出的。因此，在韩国语语流中，一个语音往往受临近语音的影响发生一些变化，主要有连音化、辅音同化、腭化、送气音化、紧音化、添加音等音变现象。

韩国语语音学构词法的元音变换中较严格地遵守了元音和谐规律，阳性元音和阳性元音和谐，阴性元音和阴性元音和谐。与阳性元音和谐的词，给人以轻松、愉快、灵敏的感觉；与阴性元音和谐的词，给人以稳重、沉闷的感觉。辅音变换中松音和紧音给人轻松的感觉，送气音给人稳重的感觉。韩国语的元音可简单地分为单元音和双元音。韩国语的辅音按照发音部位或者发音方法的不同有多种分法，教学中的着眼点是辅音的发音方法，即把辅音分为松音、送气音、紧音和鼻音 4 种。韩国语的辅音韵尾是一种比较特殊的语言现象，虽然辅音韵尾加起来有 27 种之多，但其发音方法只有 7 种。

对初学者来说，在韩国语教学中主要注意三个方面：第一个是韩国语的发音中有很多连读的地方，刚开始听韩国语，根本弄不清哪里是连读，所以听起来很吃力。第二个是有的韩国语的词汇是从汉语演变而来，它们的发音和汉语相似，虽然这样能和汉语联系起来记忆，但是发音也会受到汉语的干扰，容易发音不准，所以发音部分的教学相当重要。第三个是韩国语跟中文一样有很多一词多义的现象，如"船""梨"在韩国语中是用一个字来表达的，这也很容易使学生混淆。学韩国语和学习其他外语一样，要想克服学习中的障碍，没有捷径可以走，就是要多听多背，还有在日常生活中多留心。教师可以用电视、电影、网络等各种手段来帮助学生在了解韩国文化、生活状态、生活习惯的基础上学习语言。另外，有一些礼貌用语和一些句型结构，说话时同样意思的词句分开使用会使含义发生变化。同时，要注意掌握语言的节奏，语音和节奏一定要准确。学习语言的初级阶段，模仿是很重要也是很有效的一种手段，教师应重点培养学生的听、跟读、模仿的能力。

二、词汇特点

韩国语的词汇大致可以分成固有词、汉字词和外来词（从英语、日语、法语等语言中吸收进来的词）三种，严格来说汉字词也应该属于外来词，但汉字词已经深深融入韩国语之中，与韩国人的生活已经密不可分，许多汉字词对于韩国人来说已经太熟悉了，甚至都感觉不到它们原来是从汉语里引入的。

从数量上来说，汉字词所占比例最大，占 60%～70%，固有词占 5%～20%，外来词占 5%～10%。总体来说，与日常生活非常贴近的、非常富有感性表现力的词多用固有词，而抽象性的、理性的词多用汉字词，所以文学作品中固有词的比例要大大高于法律文件。所以，对于我们中国人来说，学习韩国语的难点在于掌握固有词，而固有词掌握的多少直接决定着我们的韩国语表现力。

当然有些词既可以是固有词，也可以是汉字词，这时就可以通过上下文的意思来判断它到底是什么。

三、语法特点

（一）韩国语代表性语言"敬语"的特征

在韩国语中敬语的使用，是说话者按照自己的人际关系来挑选合适的语言来进行交流，这里着重强调的是人际关系中听者和说者的上下级关系、长幼关系。在上下级关系或者长幼关系中，敬语主要是表达对于上级或者长辈的尊敬，这种在对某人的尊敬的表达中，敬语便不可或缺。当然，敬语也会在人与人初次见面时为了礼貌而使用。两个年龄相仿的人初次见面时，为了表现对对方的礼貌，一方往往会使用敬语；而在相互了解和认识后，同龄人之间自然不会再尊敬地称呼对方，敬语也就不再用来维持这种关系。所以，敬语主要存在于上下级关系、长幼关系以及初见面时的人们使用，这明显是受到中国传统文化的影响。

（二）韩国语句法的特征

从语言学上来看，世界上的语言按照"S"（主语）、"V"（谓语，韩国语称为叙述语）、"O"（宾语，韩国语称为目的语）排列，大致有六种不同的语序。不同于汉语句法结构，韩国语是以动词结尾的语言，其主要句子结构是主语+宾语+谓语（"SOV"）。此外，韩国语的语序比较自由，韩国语的主语、宾语等成分经常省略，有时谓语也可以省略。韩国语的句子中比汉语多了一种成分，那就是助词，每一个句子的使用，必须加上相应的助词，所以这也是韩国语学习中的难点，学习者要特别重视。在句式方面，上文已经提到，韩国语有敬语和非敬语之分，敬语主要用于上下级关系、长幼关系，或初次见面时的礼貌语言；非敬语是在日常生活中大众普遍使用的语言。

第三节　韩国语与汉语的异同分析

一、韩国语与汉语的渊源

韩国人在 15 世纪以前一直没有自己的文字，他们采用汉字来记录他们的语言。谚文（即韩文或朝鲜文）创制以后的相当长的一段时间里，一直都没能够代替汉字成为书写朝鲜语的文字。到了 20 世纪初，由于受到日本语的影响，朝鲜文开始与汉字并书，并且此时的"朝汉混写文"成了书写朝鲜语的主要方式。朝鲜半岛独立以后，朝鲜与韩国政府基于民族性的考量先后开始废除朝鲜语文中的汉字。韩国于 1948 年规定不得于政府公文中使用汉字，1968年进一步明令禁止使用汉字。近代的韩国，虽然废除了汉字，但是中国文化对韩国的影响是方方面面的，尤其体现在其语言文字中，下面我们从历史的角度来看韩国语与汉语的渊源。

（一）韩国语中古代汉字词的使用

韩国语的汉字词大部分源于中国古代汉语。单纯从中国汉语的发展历史看，从古代到现在，其词汇无论是语义还是语音都有很大的变化。但是，由于大量借用中国古代汉语的汉字词，因此在韩国语的发展史中大多保留了传入时的词义与读音，这也就导致了现今在韩国语中使用的汉字词和相应的汉语词的语音与词义有所不同。

借用汉字记录韩国语的方法有两种，分别为"音读法"与"释读法"。此外，在新罗时期还出现了用汉字标记朝鲜语的"乡札"。公元 1444 年，朝鲜李朝世宗大王创制"训民正音"后，用创制的朝鲜语文字标记中国的汉字，也就是"音读法"，被借用于朝鲜语的词汇体系中。通过上面的介绍可以看出，在朝鲜出现文字前，形成了固有词与汉字词并用的双重语言现象。

（二）古代汉语在韩国历史中的传播

汉、魏、晋、南北朝时期，汉语的许多基本词汇及不少复词已经进入古代韩国语中。唐宋时期，朝鲜半岛的汉学家到长安等地留学，与中国的交往更为频繁，韩国语就有更多的机会吸收汉语词汇。以下按韩国不同的历史时期对中韩语言文化的接触进行介绍。

1. 三国时期

在朝鲜半岛的三国时期（高句丽、百济、新罗三个国家鼎立时期，即公元前1世纪~676年）。在汉字传入过程中，中国文化也随之一起传入。在地理条件占优势的情况下，高句丽成为最早输入中国文化的国家。

2. 高丽时期

高丽时期又叫后三国时代（918~1392年）。高丽把佛教作为国教，因此，大量的佛教用语被输入进来，这些佛教词语都是汉字词。在政治方面，高丽实行了科举制度，用汉语考试，这样使汉语更加发达起来。贵族阶级所作的汉文学留下了很多高丽俗谣和诗词，出版了不少汉文作品。

3. 朝鲜时期

朝鲜时期崇奉儒学。儒学主要是以汉语作为基础的。朝鲜世宗大王（1419~1450年）和一些学者一起研究朝鲜语音和汉语音韵，于1443年创造出了朝鲜独特的文字——训民正音，又叫谚文。

4. 近现代时期

1948年大韩民国成立，韩国进入现代社会。在现代韩国社会中，人们使用的汉字词仍占60%以上。

二、韩国语与汉语的差异

根据语言学者的调查，目前世界上约有6000种语言。由于每种语言都各有自己的语法、语音以及词汇特性，不可能以各自的语言直接沟通。但是，我们通过对各个语言所共享的基本词汇或音韵特质以及语法结构等进行全方位的比较，可以找出这些语言之间的相关度。以下从语音、词汇、语法三个方面，对各具特性的韩国语和汉语加以比较。

（一）语音

1. 韩国语的音素与音节的数量比汉语多

韩国语有19个辅音和21个元音，还有27个韵尾。目前在韩国语中实际使用的常用音节数量有1800个左右。汉语有21个声母和37个韵母以及4个声调，汉语实际上的常用音节数量有1200个左右。

2. 韩国语是闭音节语言，汉语是开音节语言

关于音节的分类，一般把以辅音结尾的音节称为闭音节，把以元音结尾的音节称为开音节。如上所述，韩国语共有27个韵尾，可称为闭音节语言。这些韵尾在韩国语文章中会带来连音、绝音、同化、脱落等变化。而汉语是韵尾只有n和ng的开音节语言，这两个韵尾在语言中不会带来复杂的变化。

3. 韩国语的音变较多

韩国语属于表音文字，普遍存在着同音异缀现象；而汉语属于表意文字，这种现象则较少。

（二）词汇

一般来说，一种语言的词汇体系可分为固有语和借用语。但韩国语的词汇体系中汉字词汇可另外分类。这是因为汉字词汇虽然属于借用语，但韩国语词汇体系中的汉字词汇所占比重比较特殊，其重要性也与其他借用语有所不同。此外，有一部分韩国语本属于固有语，但受到汉字词汇的影响，韩国人已经将其表记为汉字词的形式。但是，即使这些词汇都以汉字表记出来，也已经与现在的汉语语义大相径庭。

（三）语法

1. 韩国语是"SOV"型语言，而汉语则是"SVO"型语言

在实际语言中，谓语在判断整体文章意思方面起到了重要作用。韩国语的谓语总是位于语句的尾部，而汉语则主要位于宾语之前。

2. 表示时态的方式不同

韩国语通过句尾的变化表示时态，而汉语则没有表示时态的语法形式，一般使用时间副词、虚词（动态助词）、语境等方式来表现时态的不同。

3. 韩国语是黏着语，汉语是孤立语

韩国语在单词后面添加语法素来表示单词之前的关系，通过句尾的灵活变化来体现语法意义；汉语的词则没有词尾变法，主要依靠词序来表示句子中各个词之间的关系，即每个词在句中的地位和语法功能。例如，汉语"我去""人多"，这些句中的主语是"我""人"。但是韩国语表示主语时，必须加表示主语的格词尾。同样，韩国语表示谓语、宾语、定语、状语时也都有一定的词尾变化，这一点与汉语大不相同。

第四章 高校韩国语专业教学内容与方法探究

高校韩国语专业的教学体制改革和专业设置随着社会发展需求的变化而不断调整。在教学过程中，要加强对该专业培养目标、教学内容和教学方法的研究，提高专业人才的素质，促进就业。本章从四个角度对高校韩国语专业教学内容与方法进行探究，包括韩国语的专项教学内容、韩国语教学法主要流派、网络化韩国语教学模式构建、多媒体辅助下的韩国语教学等。

第一节 韩国语的专项教学内容

一、韩国语语法教学

（一）语法的定义和种类

《语言学词典》在"语法"一项下列出了该词的四种定义：对语言的一般描述，主要是对其组织原则的理论描述，包括音位学（音位及其组合规则）、句法学（词和词组的组合规则）、词汇学和语义学（词汇的意义及其组合规则）。这个意义上的语法是与音位学相对应的一个术语，研究的是语素、语素的变化和组合规则等。在转换语法中，语法指某个人理想的语言能力，即理解某些词的意义之间关系的能力。

语法的种类有很多。从历史的角度，可以把语法分为规定性语法和描写性语法。规定性语法又可称为传统语法，传统语法学家编写语法的主要目的是"正本清源"，消除"谬误"；而描写性语法则以语言事实为依据，客观地记录语言事实，不做优劣的评判，只是系统地阐述生成句子和理解句子的规则。

从语法描写对象的角度，语法又可分为共时语法和历时语法。共时语法描写某一时期内的语言规则；历时语法描写语言规则变化发展的历史。

从描写方法角度，有比较语法，即对两种或两种以上的语言语法规则进行对比分析，指出其异同，为语言研究或学习提供材料。

从描写目的的角度，又可分出教学语法、参考语法及语言学语法。教学语法是专为教学目的而编写的语法；参考语法是为语言教师或研究者教学、研究以及学生学习语法提供参考的语法；语言学语法是语言学家基于对语法概念的理解而撰写的语法，如格语法、层次语法等。

（二）语法教学的历史回顾

在传统的外语教学中，语法教学占据着中心地位。人们普遍认为，掌握语法的方法就是进行大量的翻译练习，这就是语法翻译法。这种教学法的主要弊端也很明显，它忽视了口语和听力训练，口头交际能力差；过于追求语法的精确性，忽视了学生的语言创造能力，不能充分发挥语言学习者语言学习的主观能动性。

到了 19 世纪中期，欧洲各国之间交流的加强对口语能力提出了更高的要求，19 世纪末，外语教学界掀起了一股改革的热潮。当时一些著名的语言学家一致认为：口语是第一位的。

正是在这种对外语教学新认识的基础上，直接教学法应运而生，并在欧美得到了广泛推广。在外语教学中，语法仍占主要地位，但强调了意义的因素，上下文成为语法教学必须考虑的因素。

20 世纪 50 年代，结构主义在美国占据主导地位，美国外语教学中出现了以此为理论基础的听说法。听说法强调对比分析，把外语学习的困难归咎于不同语言结构系统的矛盾。对母语和目的语的语音和语法系统的对比分析可以确定学生外语学习的困难所在。如果能对具有不同困难程度的语言材料进行适当的安排，就能够帮助学生克服这些困难。

结构主义语言学对语言教学的最大影响是重视口语和强调句型操练。语言习得理论认为，语言是一套行为习惯，语言规则可以通过反复操练和"刺激"得到加强和巩固。直接教学法、听说法等教学法的最大缺点就是语法概念过于狭窄，语法教学过于抽象，脱离实际，培养出来的学生不能应对日常的语言交际。直接教学法和听说法的另一个缺点则是忽视学习者的认知能力，把语言操练当作一种机械地重复和记忆，学生的语言创造能力得不到充分发挥。

20 世纪 50 年代末兴起的转换生成语法在语言学界引起了一场革命。"语言能力"的概念被提出。这一理论认为，人脑中的语言习得机制实际上是一套语言的原则系统，或称作普遍语法，而转换生成语法的主要任务就是发现、描写和解释这套普遍语法。

转换生成语法强调人的语言能力，忽视了人在复杂的社会环境中运用语言进行交际的实际能力。与此相对，"交际能力"的概念被提出。社会语言学在美国蓬勃兴起，它对外语教学的影响是，外语教师们开始怀疑一直占主导地位的情景教学法和听说法。所以，应用语言学家和外语教师们开始寻求语法规则和交际能力相结合的教学方式，并把学生的交际能力当作外语教学的主要目标。在英国，语言教学吸收了英国功能主义语言学的研究成果，也开始把学生交际能力的培养作为外语教学的主要目的。

20世纪70年代后期，监控理论一度在北美外语教学界占了上风。监控理论区分出"习得"和"学习"两个概念。在这一理论中，语法教学几乎没有任何地位。物极必反。这些把语法教学赶出外语教学的做法遭到了许多外语教学专家和外语教师的批评和抵制。许多外语教师认为，语法教学能够使语言材料输入更易接受，语法知识能够帮助学生切分语言信号，使其成为可理解的单位。

（三）外语语法教学的原则

人脑中存在一种不同于其他动物的特殊语言能力。这种能力尤其体现在对语音的识别、语法规则的推断和联想上。因此，对待语法在整个外语教学中的地位和作用问题，已经不是语法该不该教的问题，而是语法要教什么和怎么教的问题。教什么涉及语法教学的范围，怎么教涉及语法教学的方法论。

由于人们对语言本质的认识不同、研究的方法各异，对语法概念的理解也就千差万别，由此便产生了各种不同的语法描述方法。

1. 语言学原则

从语言学的角度看，语言是一个符号系统、是一个交际工具，语法教学必须遵循这两个重要原则。就语言作为符号系统而言，它是用来表达复杂的社会文化和自然现象的语义系统，它的实现依靠的是一套语义组合规则，而语义和语义组合规则系统最终必须通过音位系统才能体现出来。另外，现代语言学还注意到语言的话语结构，在语言的宏观层次上对句子的组合原则进行了研究，因而，语法教学中必然也应体现出话语语言学的研究成果。作为交际工具而言，语言交际实际上是一种信息编码和解码活动。因此，语法教学中必须引进语境因素，充分考虑语法规则与交际原则之间的协调关系，把语言形式和功能有机地结合起来。

2. 语法编写的原则

根据外语教学的特殊性，对语法教学的编写方式和体例也应有一些特殊的要求。我们认为，在编写外语教学语法时，至少要考虑以下原则。

（1）对比原则。一般来说，原有的语言知识会对新的语言系统产生影响。原有语言知识会发生正迁移和负迁移两种迁移。在外语语法教学中充分合理地利用正迁移，可以提高学习效率。母语对外语习得过程中干扰最大的情况表现在词序方面，然后是词形方面。这就要求语法编写者们需要在对学生外语学习过程中受母语干扰最大的方面进行调查研究和分析的基础上，预测学生可能遇到的困难，并设法帮助学生克服这些困难。

（2）认知原则。学生在学习外语时，一般都采用四种认知方法，即分析、综合、嵌入和配对。因此，教学语法时必须意识到学生在学习语言时的主观能动性，在语言材料的安排、语法项目的选择和讲解方面要考虑到对学生认知能力的利用和培养。

同时，教学外语语法时，在语法项目的安排和处理上必须考虑到语言学习的阶段性特点。从教学法角度出发，语法项目的安排应有所侧重。如初级阶段应侧重基本词汇和基本句型，中级阶段应侧重复杂的句型和篇章结构，高级阶段应侧重对学生文化的敏感性培养等。

另外一个需要特别强调的问题是，教学语法的编写必须以丰富、真实的语言材料为基础。只有让学生接触大量的、真实的语言材料，才能真正培养学生的语法意识，从而使学生大脑中的语言习得机制充分发挥作用，使外语学习收到事半功倍的效果。

（四）韩国语语法教学的思路

韩国语语法教学涉及诸多不同的内容以及课程，韩国语教师需要站在宏观发展的角度保障自身教学思路的合理性，明确韩国语语法教学的教学理念以及改革的关键任务。在教学实践过程中，教师需要突破传统"填鸭式"教学模式的不足，站在学生的角度了解学生的真实需求，对不同学习成绩及学习能力的学生进行有针对性的培养，分析学生在韩国语语法学习过程中所存在的不足，采取因材施教的形式促进学生的全方位发展。

在课堂教学过程中，教师需要结合韩国语语法教学课程落实的实际情况，将课后批评与课堂表扬相结合。对于一些表现较好的学生，教师可以在课堂上公开表扬，另外，如果学生在韩国语语法学习的过程中遇到了许多难题，无法掌握该学习环节中的重点以及核心内容，那么教师需要采取恰当的手段对学生进行有效的引导，使学生能够明确自己的不足，鼓励学生进行反思和总结，通过这种形式来调动学生韩国语语法学习的积极性。在课后评价的过程中，教师也需要采取有效的手段，将批评与建议相结合，从而让学生能够在其引导下与他人合作，见贤思齐，改正个人的不足。

与英语学习相比，韩国语语法学习难度更大，因为许多学生缺乏一定的学习基础以及学习环境，因此无法在较短的时间内掌握韩国语语法知识的精髓。为了有效突破这一不足并促进韩国语语法教学效率的提高，教师可以采用划分具体模块的形式对学生进行积极主动的引导。

首先，教师需要站在更加宏观的角度了解韩国语语法知识学习的不同板块，其中主要包括文化背景知识、语法结构知识、语法内容等。不同的知识板块之间存在一定的联系，因此，教师需要立足于每一个板块的知识要求，通过革新教学手段让学生完成不同阶段的学习任务。另外，韩国语语法知识的学习需要以掌握更多的语言词汇为立足点，培养学生的读写能力和语言应用能力，将基础知识的传授以及实践能力的培养相结合，鼓励学生进行韩国语词汇的积累，从而为韩国语语法知识的学习奠定坚实的基础。教师需要从听说读写四个方面对现有的韩国语语法教学进行深入解读，了解韩国语语法教学的真实情况，充分利用各种网络和多媒体资源充实学生的语言知识储备。

其次，教师还需要注重韩国语语法教学与其他教学板块之间的联系。对学生语感的培养是提高学生韩国语水平的重要手段，教师必须了解韩国语语法知识学习的相关要求以及具体内容，突破传统基础韩国语教学的限制，鼓励学生进行积极主动的分析和研究，将情境创设和讨论式教学相结合，为学生提供更多的实践操作机会，鼓励学生与他人进行交流与合作。

最后，教师需要站在学生的角度，分析学生在学习过程中所遇到的各类难题，加强与学生间的沟通与交流，针对学生的学习情况和教育背景进行有效的辅导，通过这种形式真正地实现教学手段的创新，为每一位学生提供公平的成长机会。

二、韩国语词汇教学

词汇与语法之间是相互依赖而又独立的。从语言产生的角度来看，在人类语言产生的最初阶段，词汇在语言交际中起着主要作用，儿童学习母语的过程依次历经发声、单词句、双词句和完整句等阶段。随着儿童认知能力的发展，语法意识也日益增强，逐渐能用不同的语法手段来表达不同的意义关系。

（一）母语词汇习得

儿童母语词汇习得过程是一个与其生理和认知特点密切相关的特殊学习过程，其所处的社会和语言环境对其语言能力的发展有着十分重要的意义。

从儿童学习母语词汇的特点来看，这一学习过程实际上是概括能力、认识能力、语言交际能力（包括词汇和语法知识的掌握和使用）相互依赖、相互促进的过程。词存在于特定的语义空间里，学会一个词意味着知道它在这个空间所占据的位置；学会一个词意味着知道它的聚合及其相互关系；学会一个词还意味着认识它在上下文中的作用，即认识它的句法、语义和语用特点。理解一个词与输出一个词是不同的过程。输出是一个更为积极、复杂也更为困难的过程。儿童在词汇学习过程中，有一部分词是母亲或周围人用直接的方法传授的（多次地、有意识地重复和纠正），另一部分是他自己习得的。

（二）外语词汇习得

与母语词汇习得相比，外语词汇习得是一个更为复杂和特殊的过程。

学习外语的情况共分为两种：一种是在双语环境下同时学习两种语言的情况；另一种是在儿童基本上掌握了母语之后，学习另一种语言的情况（包括成年人学习外语）。

从认知基础来看，母语词汇是在一定的社会交际环境中习得的，同时也习得了该词汇的语言表达方式，概念与语言学习的过程是同步的；而外语学习者是在已有概念系统外学习一个新的语言符号来表达某一概念。母语的概念系统与外语的概念系统不可能完全一样，其对应的语言符号的系统也各有特点。因此，外语学习者在外语词汇学习过程中会遇到以下困难：语音方面，由于母语与外语运用的语音符号及组合方式存在差异，同一个概念的外语表达会形成记忆上的困难；书写方面，尤其是对母语和外语属于不同类型书写系统的外语学习者来说（如中国学生学习韩国语，汉语属于表意文字，而韩国语属于表音文字），其视觉适应和阅读习惯都会造成词汇学习上的困难。总的来说，母语与外语在各个层次上的差异越大，学习者学习外语的困难就越大，当然，也有特殊情况，即越是相似（实际上不相同），也越容易引起误解和困难。

（三）外语词汇教学的基本原则和基本方法

下面再来讨论外语词汇教学的一些基本原则和基本方法。

根据语言的本质特征以及外语教学的特点，任何形式的外语教学都应遵循系统原则、交际原则、文化原则、认知原则和情感原则，在外语词汇教学中也不例外。下面简要说明在词汇教学过程中这五个基本原则的含义及其实践方法。

（1）系统原则。系统原则的一个重要特点是它内部成分之间的相互联系性。在外语词汇的教学中，教师必须充分注意到各个单词之间的各种内在关系，从系统的角度进行词汇教学。

（2）交际原则。语言是交际的工具，学习语言的最终目的是进行交际，因此应该尽量让学生在真实的交际环境中学习使用语言，并在使用中真正掌握这门语言。在词汇教学中，这一原则要求教师在讲解词的使用特点时，需要充分考虑到语言的交际功能。

（3）文化原则。外语中概念意义与母语中一致的两个词很可能在文化意义上大相径庭。这就要求教师在外语词汇教学中对一些词从文化的角度进行特殊的处理，以培养学生的"跨文化意识"。

（4）认知原则。外语学习是在学习者已经具备较为完整的认知基础上进行的。学习者的母语知识、对语言的一般知识和整体的认知能力都将对外语的词汇学习产生影响。因此，教师要针对词汇进行比较教学。

（5）情感原则。在词汇教学中，教师应充分调动学习者的学习兴趣，培养学习者积极的学习态度和动机，帮助学生努力克服学习过程中的焦虑情绪，提高学生的学习效率。

外语词汇教学的方法可以根据不同的教学目的和特点分为两大类，即直接的词汇教学和间接的词汇教学。

直接的词汇教学就是把词汇教学作为教学目标的一部分，对词的结构（包括语音）、意义和用法进行分析、讲解和操练。间接词汇教学就是通过其他的学习活动，如阅读和听说等，间接地提升学生的词汇积累量。当然这两种方法并无明确的分界线，主要根据教学中目标的不同来调整教学方法。

（四）韩国语词汇教学方法

韩国语词汇数量丰富，来源不一，构成方式复杂，所以词汇教学难度比较大，不能简单采用列出生词、领读、拼写的方法，应该深入挖掘它的起源、构词法、近义词、词语搭配等进行仔细讲解，这样，学生才能更加全面系统地掌握所学单词，并且记得牢、记得快、记得多。

1. 引申构词法

韩国语词汇中70%的词语是汉字词，所以记汉字词是学习韩国语词汇的关键。教师应在教学过程中，帮助学生背诵这些难记的读音。其实，最好的方法是运用引申构词法。

2. 派生法

派生法是用来形成派生词的方法，即在词根的前后附加接头词、接尾词，形成新词语的方法。通过派生教学法，学生可掌握若干个相关生词。

3. 同义词与反义词

韩国语的同义词、反义词非常丰富，所以在词汇教学时，特别是讲固有词时要讲相对应的同义词、反义词。

同义词教学是词汇教学的重点和难点，学生往往由于注意不到同义词的细微差别，会造出病句。因此，教师在教学中要帮助学生区别同义词，让学生掌握同义词之间的差异。

4. 词语搭配词语

搭配是外语词汇学习中最重要的部分，也是外语学习者最难把握的部分，因此，在学生遇到生词时，尽量把词放到不同的句子中，让学生了解词的搭配情况以及适用的语言情景，学以致用。

5. 归类教学法

词汇是可以归类的，在讲词汇时，教师可以将该词的同类词介绍给学生，增加学生的词汇量。

6. 游戏法词汇教学

词汇教学比较枯燥且效果不是立竿见影的。在课堂上偶尔进行语言游戏，是一种不错的教学方式。

（1）单词接龙游戏。在游戏中学习并复习汉字词、固有词、外来词，不仅能够让学生牢固地掌握所学单词，还可以让学生对单词学习产生浓厚的兴趣。

（2）学生背单词时常常感觉乏味。鉴于此，在课堂上，教师可以尝试让学生把一些毫无关系的词语串联起来编成风趣幽默的小故事，这样不仅能提高学生的思维能力、反应能力，还能帮助学生巩固和运用已学单词。

课堂教学是学习词汇的中心环节，但光靠课堂教学是远远不够的，还要靠学生在课外努力学习、积累和使用。教师应把课前预习、课堂教学和课后复习作为一个有机的整体，运用有效的教学手法和训练方法，实现教学的目标。

三、韩国语听力教学

随着人们对听力教学重要性认识的加深，人们开始深度研究听力教学的特点和方法。

（一）影响外语听力理解的重要因素

1. 听力材料的特征

从听话者对话语材料的感知角度来看，语流的感知单位影响听力理解。

有的学者提出，联音是影响语流切分的问题之一。联音包括"同化""缩音""连读"和"省音"等。研究者们发现，对某一语言的系统特征相当熟悉的学生可以利用这一知识补偿因联音变化造成的困难，而知识有限的学生无法补偿因联音造成的信息标志的丧失。

对重音和节奏的感知也会对听力理解产生影响。重音在不同话语中有不同作用。有些语言中重音有区别性意义，如果学生的母语中重音没有区别性意义，就会在很大程度上造成听力上的困难。

听力材料在词法和句法方面的改动对听力理解的效果也引起了人们的兴趣。对于什么样的句法策略会提高理解力这一问题，现在的争议很大。

许多研究结果表明，材料的可理解性取决于多种因素，如学生的语言水平、材料的类型和背景知识的数量。由于缺乏语言水平比较的标准，因而难以确认研究结果的真实性。

从听力材料的类型与听力理解的关系来看，一般的看法是，大多数书面材料在句法上比口语材料更为复杂，信息冗余度要小，因而比口语材料更难理解。

2. 任务特征

听力理解任务的类型对听力理解的过程也有影响。对不同的问题类型学习者的反应程度也不一样。

概括推理和综合信息要比寻找特定信息更困难。凡是能回答整体性问题的，也能够回答细节性问题；但是能回答细节性问题的，不一定能够回答整体性问题。

3. 学习者特征

学生的语言水平、记忆力、情感因素和背景知识等是影响听力理解的重要因素。

研究者们认为，目的语输入的记忆跨度要比母语短。随着目的语水平的提高，学生能够成功处理的目的语的输入数量也随之增加，因而记忆时间长度是学生整体语言水平的标记。在注意力方面，集中注意力有困难的学生遇到生词或难句时，通常会直接停止听相关材料，或者不再注意所听的内容了。

听力过程中，听话者的自信心对听的效果十分重要。学生对熟悉话题的兴趣和理解力都要高于一般的话题。

4. 过程特征

听力过程作为一种内部的心理过程，研究起来有许多困难。目前，人们关心的焦点主要是听话者是否运用他们的世界知识、情景和人类交往知识来理解意义，然后利用词汇、句法和语法知识来理解语言形式。

（二）听力策略与策略训练

目前，人们较为一致地认为听话者对语言输入的处理是主动的。其处理方式有两种，即认知策略和元认知策略。认知策略主要是考虑如何储存和检索信息以解决问题。元认知策略则包含计划、监控和评估理解。

听力策略对听力的效果有显著影响，所以可以对学生进行策略训练。但问题的关键在于教什么样的策略，是认知还是元认知，抑或是两者兼教。认知心理学方面的研究报告认为，两者兼教对提高学习效果更为有利。

（三）高校韩国语听力教学方法

1. 创设环境，培养兴趣

兴趣教学在外语类教学中起着至关重要的作用。兴趣教学是从学生的角度出发，以学生为主体，激发学生强大的学习动力和求知欲望，从而使学生主动地获取知识。教师的情绪、态度对学生的兴趣培养起关键作用，因此，如何激发学生的学习愿望显得尤为重要。外语类教学如果只是单纯地完成教师的主观讲授，而没有根据学生的心理活动规律激发其兴趣，则学生会出现厌倦情绪，无法实现预期的教学效果。韩国语听力课堂应创造语言环境，使学生在轻松愉快的氛围中学会学习，如在听力课堂上播放韩国语视频、韩文歌曲、韩文电影片段等，利用分小组讨论的方式进行集体学习，然后根据所听内容采用模拟演讲、歌词填空、模拟电影片段、配音、发表评论等方式进行课堂检测，增强听力教学的趣味性，提高学生的综合素质。

2. 整合教学资源

由于现在在韩国语听力方面分方向的、专业性的听力教材较少，因此，听力课程需引用课外知识及优越的国内外网络资源进行教材整合，分层次、分步骤、多方向地设计教学任务。

根据内容的不同，听力资源可分为五大部分：日常生活听力、商贸韩国语听力、旅游韩国语听力、酒店类韩国语听力、韩国语等级能力考试中的听力部分。

根据所学难度，则可分为三大部分：初级听力、中级听力、高级听力。

初级听力：兴趣的培养最重要。其主要包括日常生活用语；商贸韩国语中无太多术语的日常听力；简单的公司用语听力；旅游中的简单景点介绍及带团过程中所遇情况的听说训练；简单的酒店用语听力等。

中级听力：能力的培养很关键。其主要是针对有关商贸韩国语的听力训练，培养学生的会议速记能力及反应能力。如导游词的听说训练，为涉外导游等工作岗位做准备；酒店预订、点餐及在酒店行业中与客人交流的听力训练，为学生顺利进入五星级酒店培养能力。

高级听力：提高教学难度，帮助学生顺利拿到各项证书。在高级听力中，主要是穿插主题听力训练，使学生顺利通过韩国语等级能力测试的中高级考试，同时注重证书的获取率、获取质量及职业素质的提高，使学生顺利获得导游证书或会计从业资格证书等；同时，加强面试听力训练，使学生顺利走上工作岗位。

3. 教、学、用一体的教学模式

听力教学应采取理论能力训练和实践训练一体化的教学模式，以符合学生学习与实际工作的一致性。在听力课堂中，应注重让学生完成教师设计的不同任务，参与、实践、体验、感悟韩国语的使用。

根据语言类的教学、学习特点，可灵活采用多种教学方法，融"教、学、用"于一体。例如，采分组讨论法、启发引导法、案例分析法、演示教学法、角色扮演法、任务驱动法等，教师可进行一种教学方法的运用或多种教学方法的综合运用。例如，就商务会议的听力，教师可以先让学生就商务洽谈中涉及的重要知识点进行分组讨论，创设语言情境，用问题促进学生思考，并进行情景模拟讨论，深入理解其相关环节，然后让学生把听到的对话转述为短文，锻炼学生的理解和表达能力，培养学生的自主式学习能力。

同时，听、说、读、写、译是学习任何语言的五项基本技能，而听与说、读、写、译是密不可分的，要把重点放在提高学生的综合能力上。

四、韩国语阅读教学

(一) 阅读过程特点分析

在阅读过程中，学生根据本人大脑中已有的句法知识和语义知识对阅读材料进行预测，并在阅读过程中加以证实和修正。根据这一模式，阅读活动实际上是一种语言知识的实践或实现。

对于语境知识的概念，理解则各有不同。根据语用学等学科的理论，语言交际过程实际上是一种不断解决问题的过程。

目前较能为大多数人所接受的有关阅读行为的观点是：阅读活动是一种多因素作用、多向交流与反应的复杂解码过程。解码依据来自文字、语言、语用、世界等方面的知识。语言知识具体为语音、语法、语义等知识。世界知识中包括一般知识和专业知识。语用知识涉及人际交往修辞规则和语篇修辞原则等。所有，影响阅读过程的因素都处在不同的层面上，任何一个都可能与另一个发生互动关系，影响对阅读材料迅速而准确的理解。

（二）外语阅读与母语阅读不同特点比较

根据语言的功能理论，人们掌握语言主要有以下几个方面的作用，即表达、指示、描述、辩论和元语言。根据格式塔理论，新知识的输入必然以原系统为参照系统或立足点，原有系统必然会对新系统产生影响。由于语言功能具有普遍性，语言手段以及运用语言的手段必然也大量呈现出普遍性，因此，语言能力的正迁移是不可避免的。

第一，语言能力和技巧的正迁移有一定的局限性，它一般发生在语言规则和语用原则上。就中国学生学习韩国语而言，文字符号、语音规则、语法规则、语用原则等都与母语迥异，这些方面必然对阅读理解速度造成障碍。

第二，母语阅读能力和技巧的不足也会影响正迁移过程，影响外语阅读能力的提高。国内语文教学大多数还局限在传统的语言知识的传授上，语言知识的讲解限于口语运用、修辞手法和谋篇布局。这种情况下，学生外语阅读能力的培养便缺少一个较为理想的基础。

第三，外语学习者的情感因素也会对阅读过程产生影响，如态度、动机和个人性格等。

在具体的外语阅读过程中，还有一些更为常见的情感因素影响阅读过程，如焦虑、兴奋情绪等。因此，外语阅读教学中对学生情感因素的控制和引导是教学成功的一个重要因素。

（三）外语阅读教学材料的选择标准

在过去的研究中，阅读技巧的培养比语言的实践更受到人们的重视，人们仍然关心阅读材料的可接受性问题，即可读性问题。以前外语界一直争论的焦点之一是，阅读材料的难度究竟与词汇有关还是与结构有关？研究表明，阅读材料的难度与阅读者本身有关。同样的材料，对一个不是本专业的学生来说，词汇上的困难更为突出。

对于词汇困难的处理方法，一般有以下几种办法或建议：在材料后面提供一个词汇表；建议查词典；建议尽量不要查词典，根据上下文猜测词义。我们认为，这几种办法实际上并不矛盾，人们在处理不同的材料时可采用不同的方法。

目前，在外语阅读教学中，首先应该确定阅读者在实际阅读中可能遇到的困难，然后设法帮助他们解决这些问题。编写阅读教材时，应该关心材料与阅读者的关系，而不是关心阅读材料与假设的语言知识掌握和发展阶段之间的关系。

有关阅读材料选择的另一个重要标准，就是材料的真实性问题。对这一问题，目前外语教学界仍有不同的见解。

第一种见解：对材料本身不做任何词汇或结构方面的简化，而在阅读练习的设计过程中则应充分考虑学生阅读能力的阶段和先后关系等，这样的材料更具有真实性。

第二种见解：材料是否真实取决于阅读者与材料之间的关系，如果阅读者对材料的反应与作者的意图一致，那么这种材料就具有真实性。

第三种见解：阅读中，一切以阅读者为中心，材料只要达到阅读者的阅读目的就有真实性。

根据第三种见解，阅读者的兴趣和目的对材料的选择有重要的关系。研究表明，不同的阅读者尽管有各自的阅读兴趣和习惯，但有时仍呈现出一定程度的一致。从教育学角度来看，根据兴趣进行自我选择的阅读效果最为理想。

随着现代语言学对话语结构研究的不断深入，外语阅读教学理论吸取了这方面的研究成果，将话语结构也作为选择材料的标准之一。

众所周知，话语分析对外语教学有两个十分重要的实际意义：描述话语的语言结构，为外语教师选择教学的重点提供依据；揭示话语的文化特征，对学生较好地理解和表达思想有较大帮助。所以，阅读材料的选择首先要考虑阅读者本身的兴趣和文化背景。对材料本身不一定要做结构和词汇上的控制，关键在于预测这些方面的困难并提供适当的理解线索，并在设计理解练习时采取不同的要求，根据不同阅读目的及阅读者的实际情况实行分级和变动。

(四) 阅读技巧及其培养

近年来，针对阅读技巧问题，人们的主要争论集中在以下几点：阅读是一项整体活动还是由几项技巧组成的活动？假如有不同的阅读技巧，它们分别是什么？各种技巧之间是一种什么样的关系？技巧与策略有什么区别？能够进行技巧和策略的训练吗？

现在人们一般认为，技巧是习得的，是每个阅读者在实际过程中无意识使用的方法；而策略则是阅读者为了解决某一具体问题所采取的某种手段或方法。技巧和策略都可以通过有意识的训练而获得。

20世纪60年代，快速阅读训练十分流行。这种强调速度的做法不仅缺乏足够的理论基础，而且对实际提高学生阅读技巧并无多大帮助。研究结果证明，出声读、指读、回读等是阅读者遇到阅读困难的表现，说明阅读者正在试图运用某种技巧或方法以达到理解的目的。当然，它们会影响阅读的速度，但有时为了准确理解材料，它们又是不可避免的。另外，在研究某一材料时，这些方式对阅读又是必不可少的。

近年来，许多阅读材料已将阅读技巧的培养作为主要目标。在练习设计上，教材编写者明确要求阅读者运用策略和判断推理等阅读技巧，准确理解材料的写作意图、风格、具体章节及词语。因此，外语阅读教学重点在于培养学生的阅读技巧似乎已是一个大趋势。

（五）韩国语阅读教学模式

1. 碎片化教学模式

针对韩国语阅读教学时间有限、无法完成大量阅读教学任务、学生的基础和能力各不相同、学生阅读焦虑等问题，教师可采用传统教学与碎片化学习相结合的教学模式，给学生提供具有个性化和针对性的学习材料，帮助学生找到适合自身的学习方法。在传统的教学课堂中，教师可以掌握学生的学习情况，反复讲解教学的重点、难点。碎片化学习将知识点独立分割，学生可通过碎片化内容，快速掌握知识点。

碎片化学习是从大数据中获取知识的一种行为方式，目前学者对碎片化学习的概念没有统一的定论。有人将碎片化学习的概念归纳为"学习者在社会生活中随心、随时、随性，通过多种媒体对知识进行片段式学习，从而增进知识，提高技能，这样一片一片、一点一滴地获取信息和知识的学习方式"。碎片化学习是从学习内容的整体"解构"走向知识"建构"，其特征是学习时空碎片化、学习内容碎片化、学习行为和思维碎片化。

互联网时代为我们提供了庞大的学习资源，但这些资源的质量良莠不齐，教师在碎片化内容的选择上要紧紧围绕韩国语阅读课程的目标，既要与课堂内容相呼应，也要拓展课堂知识，使课内外教学相得益彰，实现学生的个性化发展。例如，在教授以韩国饮食为主题的单元时，教师可通过图片、视频等碎片化学习对韩国饮食文化进行有效导读，激发学生阅读文章的兴趣，同时组织学生收集韩国饮食文化相关的阅读材料，引导学生主动阅读，从而帮助学生建立相关的知识体系。

碎片化学习能够将阅读与生活结合在一起。教师可以通过数字媒介选择焦点、热点话题，引导学生在阅读中了解世界、拓展知识面。语言也是人类交际的工具，语言是文化的载体。教师应引导学生通过碎片化学习了解中韩文化的差异，加强学生对跨文化知识的学习。

碎片化教学模式通过课堂以外的教学平台，基于韩国语阅读教学目标，有针对性地引导学生学习，是传统课堂教学的补充和延伸。在碎片化教学模式中，学生可充分利用碎片化时间，根据自己的需求选择相应的练习，在轻松愉快的氛围中增强自主学习意识，这样能够有针对性地巩固韩国语阅读技能，提高文化意识和交际能力水平，促进自身个性化发展。但需要注意的是，教师要对碎片化学习内容进行认真筛选，正确引导学生提高自我监控能力水平，增强学习的有效性，保证学生碎片化学习的成效，让学生的碎片化学习发挥最大效能。

2. 采用"词块教学法"

针对学生词汇匮乏、语法基础薄弱的问题，教师可运用"词块教学法"弥补不学生的足。在韩国语学习中，很多学生机械地记忆词语和语法，这导致学生在语言输出时会出现脱离语境或语法使用不准确等问题。而阅读过程中过度依赖词典的不良习惯，也会影响学生的阅读速度和阅读时思维的连贯性。词块既有助于词汇的记忆，又能提高学生的语言交流水平，提高学生的语篇理解水平。

词块是指词汇短语，也可以是多个词的词组，这种组合可以独立构成句子或话语，使学生可以随时提取和使用。人类有长期记忆和短期记忆，在长期记忆中存在大量的信息，能弥补短期记忆加工处理信息能力的局限性。"词块教学法"把词块作为整体认知单位，通过反复练习使其储存于长期记忆中。在交际时，学生可以直接从记忆中提取词块进行言语表达，而不需要重新对句子结构进行语法分析。因此，词块有助于提高语言表达的流利性。

教师在韩国语阅读教学中应用"词块教学法"，引导学生整理阅读文章中出现的词块，之后教师对其词块进行讲解。学生在初步理解词块后对词块的固定用法、拓展搭配进行练习。教师要激励学生在平时学习中积累词块，多背诵、多应用，使短期记忆转换为长期记忆。针对教材中出现的词块，教师可以通过测验或小组活动让学生尽快掌握。学生经过一段时间的积累和学习会形成自觉整理、归纳词块的好习惯，而词块的积累和学习可以帮助学生减轻对韩国语阅读的不安和焦虑，从而帮助学生建立信心，加快学生阅读文章的速度，提升学生的阅读成绩。

第二节　韩国语教学法主要流派分析

教学法流派，指在一定的理论指导下在教学实践中逐渐形成的，包括其理论基础、教学目标、教学原则、教学内容、教学过程、教学形式、教学方法和技巧、教学手段、教师与学生的作用和评估方法等方面的教学法体系。一种教学法流派的形成除了受当时的时代背景，特别是政治、经济等因素的影响外，还会受这一阶段的语言学理论、心理学理论、教育学理论以及其他一些相关学科发展的影响。不同教学法流派对语言的本质特征和语言学习规律有不同的认识，因而对教学规律也有不同看法。它影响到教学大纲的制订、教材的编写、课程教学程序和方法的确定以及测试评估手段的选择等。下面具体分析现代韩国语教学法的主要流派。

一、口语法和情景教学法

口语法和情景教学法是 20 世纪 30~60 年代由英国应用语言学家和韩国语教师设计和广泛运用的一种韩国语教学法。其主要特点有以下方面：语言教学从口语开始；目的语作为课堂用语；新的语言点通过情景进行教学和操练；根据词汇选择程序选择词汇，以保证基本词汇的选择；根据先易后难的原则对语法项目分级；当学生达到一定的词汇和语法基础后再教阅读和写作技能。

口语法和情景教学法的语言理论基础是英国的结构主义语言理论。口语被认为是语言的基础，而结构是说话能力的核心。与美国结构主义语言学不同的是，在口语法和情景教学法中，语言被看作是与现实世界的目标和情景有关的、有目的的活动。

在口语法和情景教学法中，结构大纲和词表有着特殊的作用。结构大纲中列出的是根据教学顺序安排的韩国语的基本结构和句型。

在情景教学法中，教师的作用有三个。一是示范作用，教师要演示目标结构所使用的语境并提供例句让学生模仿。二是协调指挥作用。教师通过提问、命令和其他提示方式让学生能够正确回答问题。因此，在情景教学法中，教师起着主导作用，决定教学的进度。三是监督作用。在学生操练的过程中，教师要留意学生的语法和结构错误，以便在以后的课堂中作为讲解要点。

情景教学法对教材和视觉辅助物依赖性很强。教材是根据不同的语法结构组织的教学单元。视觉辅助物主要有挂图、卡片、图画、人像等。教师可以自制或购买现成的辅助物。

下面是情景教学法的一些具体教学步骤：①在听力练习中，教师清晰地连续几次重复某一结构或词，通过命令或手势让学生配合；②在个别模仿中，教师让几个学生复述例句以检查他们的发音；③教师要求学生单独练习有困难的音、词或词组；④教师引进新句型，让学生运用已知的句型进行问答练习以引进新的句型；⑤教师利用手势或提示词等让学生回答问题、发表陈述或根据句型造句；⑥教师利用提示词让学生练习新句型；⑦教师进行问答练习，让学生一问一答，直到学生都轮到；⑧在纠正环节，教师通过摇头、重复错误之处等指出错误，让学生本人或其他学生对其进行纠正。

二、听说教学法

听说法的语言理论基础是结构主义，心理学理论基础是行为主义心理学。它强调与目的语的大量接触和实践，强调语法结构的操练。

听说法的重要学习原则包括以下内容：韩国语学习基本上是一个机械的、习惯形成的过程，好习惯是通过正确的而不是错误的反应形成的。教师通过背诵对话和句型训练可将学生出错的机会减少到最低限度；如果先教目的语语言项目的口头形式，然后再教其书面形式，可以使学生更有效地掌握语言技能。听说训练可以为其他语言技能打下基础；类推、比较和分析能为语言学习提供更好的基础。类推涉及概括和区别，因而教师应等到学生在不同类型的语境中操练过某一句型并被认为掌握了其中涉及的类推原理后才对学生进行解释。操练可以使学生形成正确的类推。所以，语法教学的方法本质上是演绎而非概括；某一语言的词汇对其本族语者所具有的意义只有在某一语言和文化环境中才能学到。

在听说法中，根据行为主义学习理论，教学的重点在于外部表现而非内部过程。学生只需对刺激做出反应，因而无法对学习的内容、速度和方式做出选择。

与此相反，在听说法中，教师则处于十分积极和重要的地位。听说法中教师主要起到以下作用：按照听、说、读、写的顺序介绍、保持和协调这几项技能的训练；在课堂上使用或不使用韩国语；作为学生所学语言行为的样板；用对话形式进行口语教学；指导学生全班或小组齐声回答问题；通过句型练习进行结构教学；指导学生选择和学习词汇；向学生展示目的语中词与意义如何相联系；让每个学生开口说话；鼓励学生大胆实践，强化其正确的反应；教短篇小说或其他的文学作品；教学第一天就制定好课堂教学有关的规则。

听说法中的教学材料是以教师为中心的，起到辅助教师的作用。但是，在基础阶段，往往不用教材。因为这个时候学生的主要任务是听、复述和回答，看书面材料会分散他们的注意力。教材主要是提供对话的内容和句型操练的材料等。

三、交际教学法

20 世纪 60 年代后期，情景教学法在英国等欧洲国家逐渐不受重视，许多应用语言学家和语言教师接受了功能主义语言学和社会语言学的研究成果，开始重视学生语言交际能力的培养。

交际教学法流派中可分出"温和派"和"激进派"两种。"温和派"强调向学习者提供使用韩国语进行交际机会的重要性，将这类交际活动置于更大范围的语言教学中。"激进派"则声称语言是通过交际习得的，因此这并不是一个激活已有知识的问题，而是一个促进掌握语言系统本身的问题。前者可以称为"学用韩国语"，后者可称为"用韩国语学韩国语"，前者已成为近年来交际教学法的主流。

交际法的倡导者没有明确讨论过交际法的学习理论基础。但是，从交际法的有关实践可以发现有三个原则在发挥作用：一是交际原则，即涉及交际的活动可以提高学习效果；二是任务原则，即用语言完成有意义的任务活动可以提高学习效果；三是意义原则，即对学习者有意义的活动有利于学习过程。

在交际教学法教学模式中，教学材料是影响课堂交际和语言使用质量的重要因素，因而其担当着促进交际性语言使用的重要作用。在交际教学中，教师通常使用三种材料，即以篇章为基础的材料、以任务为基础的材料以及实物教具。

下面是实施交际法的步骤。教师要提供一段简短的对话或几段小对话，在此之前，提供与对话有关、学生可能会实际经历的交际场景（动机）；要求学生口头练习当天要教的对话片段；根据对话和语境进行问答练习；进行与学生个人经历有关但围绕对话主题的问答练习；学习对话中的某个基本的交际用语或表达该功能的某一结构。

四、全身反应法

全身反应法是一种通过语言与行为的协调来教语言的教学方法，其理论基础包括发展心理学、学习理论、人文主义教育学等。

全身反应法吸取了心理学中"记忆痕迹"理论的观点。该理论认为，记忆联系越经常和强烈，该记忆的联想和回忆越容易。从发展心理学的角度出发，成年人成功的第二语言学习与儿童习得母语的过程相似。针对儿童的语言大多是命令句，儿童一般先用身体反应，而后再学会用语言进行反应。成年人应该学习儿童习得母语的方式。

全身反应法与下面三种假设有关：第一，大脑中有一种特定的语言学习的生理蓝图，它决定了第一语言和第二语言学习的最佳途径；第二，大脑区域化决定了左右脑的不同学习功能；第三，压力（情感过滤）影响学习行为和学习内容，压力越小效果越好。

全身反应法的总体目标是在初始阶段增强学生口语能力，而理解则是达到这一目的的手段。祈使句操练是全身反应法中主要的课堂活动，它们主要用来调动学生的身体行为和活动。

在全身反应法中，学习者的角色基本上是听众和表演者，他们必须认真听每一个命令以准确做出身体上的反应。教学内容由教师根据以祈使句为基本模式的课程计划决定，而学生对教学内容几乎没有什么影响。

在全身反应法中，教师起着十分积极和直接的作用。教师决定教什么、如何教。因而，教师需要课前认真做好准备。

五、沉默法

沉默法认为，语言教师在课堂上应该保持沉默，而让学生尽量多开口。

沉默法主要的学习理论假设如下：通过发现或创造，而不是通过记忆和重复的学习效果更好；通过相应的物体学习有助于记忆；通过解决与学习材料有关的问题，有助于提高学习效果。通过研究沉默法所使用的教学材料和顺序，人们可以发现它的理论基础是结构主义语言理论。语言从其社会语境中抽离出来，通过虚拟的语境传授给学生。在沉默法中，课程顺序根据语法的复杂程度安排；新的词汇和结构材料被切分成小的组成部分，被一个个教给学生；句子是基本的教学单位；教师的注意力要放在命题意义而不是其交际价值上。

沉默法的总体目标是通过语言的基本要素的训练，培养初学者听和说两方面的能力。

沉默法采纳的是结构式的教学大纲，课程根据语法项目和相关词汇安排。不过，从沉默法的有关实践来看，语法项目是根据其复杂程度来安排的。通常情况下，教师教祈使句时先教结构，因为行为动词往往容易通过沉默法材料向学生演示。教师教新的内容，如名词的复数，则常常通过已经熟悉的结构教给学生。

沉默法中的任务和活动具有鼓励学生不通过教师的口头讲授或不必要的示范进行口头回应的作用，因而其课堂活动主要是学生对命令句、问句和视觉提示做出反应。

语言学习是一种通过自我意识和自我挑战获得成长的过程。学生最初通过不断的试验，而后通过对已获得的其他技能进行直接试验来掌握知识。学生必须培养自我独立意识、自主能力和责任心。学生之间的相互影响很大，在某种意义上甚至影响所教的语言内容。在沉默法中，学生的角色是多种多样的，有时作为一个独立的学习者，有时作为小组活动的一名成员，有时还要扮演教师、陪练、解决问题者和自我评估者等角色。学生必须自行决定什么时候该扮演什么角色。

在沉默法中，教师的沉默是其主要特色。因此，教师必须学会自我控制，改变传统的以教师为样板、随时向学生提供帮助、有求必应的角色心理。沉默法中教师的作用有三个方面，即教、测试、不妨碍学生。"教"就是一次性地把某个项目介绍给学生，一般通过非语言线索解释其意义。教师紧接着开始测试，即无声地要求学生根据所教内容进行复用。最后，教师无声地监督学生用新学的语言项目进行交际。总的来说，在沉默法中，教师的作用就是给学生创造一个鼓励冒险、提高学习效率的环境。教师本人作为一个中立的观察者，要做到对学生的成功与失误不轻易表露自己的情绪。

沉默法有一套标准的课堂程序。课堂的前半部分是发音教学，教师主要通过图表等让学生理解和操练词、词组和句子的发音、重音和语调等。在语音教学结束后，教师紧接着就要求学生练习句型，进行结构和词汇的操练。

六、社团学习法

社团学习法的基本程序为：一群学生在教室里围坐一圈，教师站在圈外；其中一个学生用母语轻声传达一个信息；教师将此译成韩国语；学生用韩国语重复一遍并用录音机录下；学生在教师的帮助下用韩国语传达更多的信息；学生对自己的感觉进行反思。

社团学习法的互动有两种基本形式，即学生之间的交流以及学生与教师的交流。

社团学习法提倡一种整体的语言学习方法，因为"真正"的学习既带有认知性又带有情感性。这一过程又分为五个阶段：第一阶段，"出生"阶段，学生开始建立安全和归属感；第二阶段，随着学生能力水平的提高，开始逐渐获得一些独立能力；第三阶段，学生开始"独立说话"，为了证实自己的身份，经常拒绝一些不必要的建议；第四阶段，学生可以进行批评；第五阶段，学生能够改进其风格和语言的恰当性。

社团学习法主要用于口语教学中，但经过改进，也可用于写作教学中。社团学习法没有传统意义上的大纲，即事先设计好要教的语法、词汇、其他语言项目以及教学的顺序。

与其他大多数教学法一样，社团学习法把传统的方法和它本身独创的方法结合起来。这些方法包括以下内容：翻译，教师将学生的话语翻译成目的语，让学生重复教师的翻译；小组活动，如讨论话题、准备对话、准备故事等；录音，学生将用目的语进行的对话录下来；记录，学生将录音上的对话等记录下来进行操练或进行分析；分析，学生分析记录下来的目的语句子，并特别注意某些词汇和语法的特殊用法；反思和观察，学生对课堂经验进行反思并向他人报告，包括互相之间的感觉、对沉默的反应、对所要说的内容的关心等；聆听，学生聆听教师的翻译和课堂交流中的话语；自由对话，学生和教师、其他同学之间进行自由对话。

在学生学习的五个不同阶段，教师的作用也有所变化。在最初的几个阶段中，教师起的主要是辅助作用，给学生提供对应的目的语和供他们模仿的表达法。在后面的几个阶段里，学生进行交流，而教师监督他们的话语，在需要时提供帮助。教师在学习的后期阶段的另一个作用是提供给学生一个学习和成长的安全环境。

七、自然法

自然法并不强调教师独白、直接复述和问答练习的有效性，也不十分强调所说目的语的精确性。相反，它强调学生应该多接触目的语，而不是操练。它强调学习情绪的最优化，强调在开口前延长听的时间，它还特别强调理解在该方法中的中心地位。

自然法有关学习的理论基础主要来自五个假设。

（1）习得/学习假设。获得韩国语能力主要有两种途径：一是习得，二是学习。习得指通过理解语言和使用语言进行有意义的交际而自然获得语言能力的一种无意识过程，这是一种"自然"的过程。相反，学习指一种有意识地掌握某一语言语法规则的过程，其结果是学生了解该语言形式方面的知识，并能用语言描述这些知识。

（2）监控假设。有意识的学习只能起到监控和编辑的作用，用以检查和修正习得系统的输出。

（3）自然顺序假设。语法结构的习得有一种固定的顺序。

（4）输入假设。人们一般通过理解稍微超出他们目前语言水平的输入而习得该语言。

（5）情感过滤假设。学生的情感状态或态度，如动机、自信和焦虑可以影响习得所必需的输入。一般来说，动机强烈、自信心强的学生在个人和课堂焦虑程度低的情况下容易习得语言。

以上五个假设对语言教学的启示有以下内容：教师应该提供尽可能多的输入；任何帮助理解的东西都很重要；教师要提供视觉辅助，使学生接触各种各样的词汇而不是句法结构。

自然法教学活动与其他交际性的教学法中的活动并无太大区别。它包括问答练习和利用手势、哑剧、图表、图片等实物以及学生结对子和小组活动等。它的特点是用熟悉的方法向学生提供可理解的输入，为学生营造一个帮助理解输入、降低学生焦虑度以及增强学生自信心的课堂环境。

　　学生在自然法中的角色可以概括为以下几点：提供一定的信息，以便习得活动能够集中在与他们的需求密切相关的话题和情景上；主动协助创造可理解的输入，学会使用控制话题的技巧来调节他们的输入；决定什么时候开始说话、什么时候提高其质量；如果课程中安排了练习，如语法练习，与教师一起商量决定花多少时间在上面并争取独立完成、自我纠正其中的错误。

　　在自然法中，教师有三种重要的作用：首先，教师是目的语可理解性输入的主要来源。教师应保证语言输入连续不断，并提供大量的非语言线索帮助学生理解这些输入。其次，教师应该创造一种有趣、友好、情感过滤低的课堂环境。最后，教师应为学生选择和协调各种各样根据班级大小、内容和语境等设计的课堂活动。

　　自然法中教学材料的主要作用是通过提供额外的帮助让学生理解和把握目的语的语境，通过把课堂活动与现实世界相联系，通过使学生之间进行真正的交际使课堂活动尽可能有意义。

八、暗示法

　　暗示法的特点是强调教室的布置和安排、音乐的使用以及教师的绝对权威作用。音乐在暗示疗法中的作用有三种：帮助学生建立和维持人际关系；使学生通过从音乐表演中获得的自我满足感增强自尊；利用节奏独特的潜力带来活力和秩序。

　　听力练习是暗示法的特色之一。暗示法中的听力练习与一般的听力练习不同，它们一般在每个单元的第一天进行。学生首先阅读课文并与教师讨论其内容。然后，学生开始放松地坐在转椅上听教师用某一特殊的方式朗读课文。在教师第二次朗读课文时，学生边读边在背景音乐中用动作将课文内容表演出来。在这个阶段，学生按照教师的指点，躺在椅子上做有规律的深呼吸。

　　教师的主要作用是创造可暗示的课堂环境，用学生最可能接受和记忆的方法将语言材料教给学生。教师应该做到以下几点：对暗示法表现出绝对的信心；言谈举止和服饰一丝不苟；精心组织教学过程的开始阶段，包括音乐的选择和播放等；对教学时间保持严肃的态度；进行测试并有策略地对待较差的答卷；强调对教学材料整体的而非分析型的态度；保持热情。

第三节　网络化韩国语教学模式构建

一、韩国语教育改革的基本思路

（一）教育理念的转变

教育部颁布的《关于韩国语专业面向 21 世纪本科教育改革的若干意见》（以下简称《若干意见》）提出，当前的教育改革是在我国向社会主义市场经济体制过渡的大背景下进行的。因此，如何让韩国语为 21 世纪的社会主义市场经济体制服务，处理好韩国语教育与社会主义市场经济的关系，是教育行政部门、高等学校和全体韩国语教育工作者面临的一项重要任务。要完成这一任务，广大韩国语教育工作者就要实现教育思想和教育观念的转变。

在社会主义市场经济的条件下，我国高校仍肩负着为国家培养外国语言学科领域研究人员的任务。同时，我们也应当清醒地面对这样一个现实，即我国每年仅需要少量韩国语与文学、韩国语与语言学相结合的专业人才来从事外国文学和语言学的教学和研究工作，大量需要的则是韩国语与其他有关学科如外交、经贸、法律、新闻等结合的复合型人才。培养复合型的韩国语专业人才是社会主义市场经济对韩国语专业教育提出的要求，也是新时代的需求。

我国现有韩国语专业的院校大致可以分为五种类型，即韩国语院校、综合性大学、理工科院校、师范院校和其他专科类院校。由于各院校的发展不平衡，复合型人才培养的模式、内容和进程也必须因地、因校、因专业而异。目前，正在试验的模式有"韩国语+专业知识""韩国语+专业方向""韩国语+专业""专业+韩国语"和双学位等。各韩国语专业要从本专业的发展状况、师资队伍、学生来源、所在地区的社会和经济发展的需求以及就业市场的需求出发，实事求是、因地制宜，自主确立人才培养模式，并努力培养出服务于本地区经济建设和社会发展需求，有特色、高质量的复合型韩国语专业人才，突显学校和专业培养人才的特色。

课程体系改革和课程建设是韩国语专业教学改革的重点和难点。我们要从 21 世纪对韩国语人才的需求、21 世纪韩国语专业人才的培养目标和复合型人才的培养模式出发，重新规划和设计新的教学内容和课程体系。

当前韩国语专业课程建设主要面临以下任务：开设与复合学科有关的专业

课、专业倾向课或专业知识课，加强课程的实用性和针对性；探讨如何在专业课、专业倾向课或专业知识课中将专业知识的传播和语言技能训练有机结合起来，提高课程的效益；在开设新课和改造现有课程的过程中，重点摸索如何培养学生的语言实际运用能力，锻炼学生的思维能力和创新能力。

另外，探讨在韩国语专业进行复语教学的问题①，教师应鼓励学生在掌握所学语种的基本技能和运用能力的同时，再学一门外国语。对于非韩国语专业的学生，特别是非通用语种的学生来说，教师要特别强调学习韩国语的重要性。复语教学的形式和层次要根据学生所学语种、师资力量等条件来确定。

（二）教学方法和教学手段的改革

21 世纪，韩国语专业人才的培养目标和培养规格，以及教学内容和课程建设的发展与进步都需要通过教学方法和教学手段的改革才能得以实现。教学方法的改革应着眼于培养学生的创新精神和创造能力，强调学生的个性发展。应改变以教师为中心的传统教学方法，突出学生在教学活动中的主体地位，注重培养学生根据自身条件和需要独立学习的能力；将课堂教学与课外实践有机结合起来。课堂教学重在启发、引导，要为学生留有足够的思维空间；课外活动要精心设计，注意引导，使其成为学生学习、思索、实践和创新的过程。

（三）教材建设

课程体系的改革必然会带动教材的建设。21 世纪的韩国语专业教材应该具备以下几个基本特征：教学内容和语言能够反映快速变化的时代；能帮助师生处理好专业知识、语言训练和相关学科知识之间的关系；不仅仅着眼于知识的传授，更要有助于培养学生的鉴赏批评能力、思维能力和创新能力；教学内容要有较强的实用性和针对性；能配合教师充分利用计算机、多媒体、网络等现代化的技术手段。

二、高校网络化韩国语教学模式的构建

教学模式指在一定教学思想或教学理论指导下建立起来的较为稳定的教学活动结构框架和活动程序，通常包括教学理论、教学目标、教学程序、教学条件、教学评价五个因素，这五个因素之间有规律的联系就是教学模式的结构。由于不同教学模式所要完成的教学任务和实现的教学目的不同，使用的程序和

---

① "复语"是指学生要学习两门或两门以上的外语课程，一般情况是除英语外，还要掌握一种非通用外语语种。

条件不同，因此，其评价的方法和标准也就有所不同。目前，除了一些比较成熟的教学模式已经形成了相应的评价方法和标准外，还有不少教学模式并没有形成自己独特的评价方法和标准。

网络化韩国语教学模式是依据一定的教学理论和教学思想，依托网络技术为实现韩国语教学目标构建的模型，它涉及教学理念、教学手段、教学方法、教学框架和教学流程，是外语教学与网络技术深度融合的结果。它具有指导性、目标性、可操作性、系统性、发展性、稳定性和灵活性等特点。

任何教学模式的建构必须依靠一定的教学理念和理论，网络化韩国语教学模式也不例外。网络化韩国语教学理念是韩国语教学理论和网络信息技术深度融合的结果，随着网络信息技术的发展而产生，同时又能指导网络技术的发展与应用。教学目标是韩国语教学中的出发点和归宿。针对不同的教学对象、教学要求，教师需要确定不同的教学目标、教学手段和教学方法。高校网络化韩国语教学活动的基本结构是在一定的教学理念指导下，利用网络信息技术和灵活的教学方法实现"课前导学""课堂教学""课后应用""综合评估"的"四环互动"。"四环互动"是一种以学生为中心的现代教育思想，突出了学生在学习中的主体地位，使学生的学习从被动走向积极主动。

网络化教学模式以网络信息技术为支撑，使韩国语教学不受时间和地点的限制，朝着个性化学习、自主式学习的方向发展。新的教学模式给学生带来了众多益处，也对学生的学习能力和学习方式提出了新的要求。学生在这种模式下必须具备较强的自主学习能力，能够自觉完成教师在网络平台上布置的学习任务。

第四节　多媒体辅助下的韩国语教学

一、多媒体辅助下的韩国语教学的基本模式

多媒体辅助下的韩国语教学是以计算机为核心的多媒体系统辅助韩国语教学的活动。

把媒体与学习者的认知特征结合起来审视多媒体辅助下的韩国语教学模式，可以归纳为以下几种模式。

（1）教学演示。多媒体利用文字、图像以及发声功能，来演示一些教学过程，解决教学中用其他手段难以解决的重点或难点，帮助学生正确地理解和

掌握有关的理论和概念。

（2）训练和练习。训练和练习类型的软件会给学生出题，学生通过人机交互功能把答案输入计算机，然后由计算机判别正误，给出错误的提示或正确的答案。

（3）个别辅导。计算机作为家庭教师，会一对一地为学生进行辅导。这种模式主要用于学生自学和补课，也更适合学习存在缺陷的学生。

（4）题库。教师可以利用计算机的大存储量和判断功能，在计算机（一般是在外存储器）上建立一门课程的题库。这种软件可以减少教师的工作量，使考试标准化。

（5）模拟。模拟也称仿真，它可以为学生新知识的学习提供感性经验，为概念、法则和知识的应用提供一个仿真环境。这种模拟可以使学生体验到在实际生活中无法见到或难以进行的实验，如韩国语情景教学的模拟。

（6）问题求解。利用计算机语言编出解决韩国语学科问题的程序，运用这些程序，来帮助学生解决学习中的问题。这种程序有的是已编制好的通用程序，有的是学生自己编制的解决问题的程序。

（7）教学游戏。游戏的内容及过程都与教学目标相关联，教师把科学性、教学性和趣味性融为一体，大大激发了学生的兴趣，起到了寓教于乐的作用。

（8）综合控制。这种模式旨在以计算机为中心，对多种现代教育工具进行控制，产生综合的教学效果。这种模式现在已经发展为多媒体技术。

应当指出的是，如何更好地实现个别学习又突出因材施教的原则，取得教与学的最优化，是选用和设计多媒体辅助韩国语教学模式的基本出发点。

二、多媒体辅助韩国语教学的特点

多媒体辅助韩国语教学与传统教学相比有许多优点，主要表现出以下特点。

（1）多媒体辅助韩国语教学非常适合个别化教学。计算机可以根据学生不同的特点安排学习过程，按每个学生的思维特征和方向进行教学；计算机没有时间限制，学生可以用适合自己的步调和教学方法来学习有关的课程，使自身达到教学所规定的目标，提高教学效率。

（2）多媒体辅助韩国语教学能及时反馈、及时强化，加强知识的记忆。学习过程中的及时强化十分重要，计算机给予学生的及时反馈和及时强化是很有效的。

（3）多媒体辅助教学容量大，效率高。多媒体辅助韩国语教学可省去很多诸如教师板书、学生抄题等的时间，这大大增加了课堂教学的容量，提高了课堂的效率。

（4）多媒体辅助韩国语教学信息量大，有助于学生记忆。可以通过多种信息传输方式，如显示文字、图形、动画和音响等，使学生通过多种感官接受"刺激"，增强记忆，强化学习效果。

（5）计算机还可以通过屏幕模拟一些实验或现象，把大的变小、小的变大、快的变慢、慢的变快，达到其他教学手段达不到的教学效果。

（6）多媒体辅助韩国语教学可以大大提高学生学习的成就感。在多媒体辅助韩国语教学中，计算机"扮演"教师角色，创造了和谐的环境，使学生敢于冒险、大胆尝试，获得成就感。

（7）多媒体辅助韩国语教学可以大大减轻教师的负担。多媒体辅助韩国语教学可以把教师从繁重的重复劳动中解放出来，使他们可以用更多的时间帮助落后学生和进行更富有创造性的研究和教学工作。

（8）多媒体辅助韩国语教学有利于教学质量的全面提高。多媒体辅助韩国语教学可以把优秀教师的经验编制成软件，使更多的学生得到优秀教师的辅导，从而缩小各地区教学水平的差距，全面提高教学质量。

三、多媒体辅助韩国语教学的原则

多媒体辅助韩国语教学的原则应当包括三个层次、12 个基本原则。这三个层次分别是本体论、方法论、实践论。本体论即对语言本质、特征、语言习得过程的认识，解决教什么的问题。方法论即用什么样的教学方法和教育信息技术手段来实现教学最优化目标。实践论既是语言交际、教学方法的实践，又是职业技能、教学技能和操作教学媒体技能的实践。

12 个基本原则是以韩国语教学原则为基础，结合多媒体辅助韩国语教学的特点而提出的。

（1）学习者中心原则。学习者中心原则指的是学生积极参加使用和思考语言的活动。在多媒体学习环境下，学习者的自主性更容易得到激发，自我表现、自我规划、自我组织和自我评估的自主学习能力得到培养，教师这时只是学生学习的合作者。

（2）最优化教学原则。最优化原则体现在教学选择最优化、结构安排最优化、教材设计最优化、角色搭配最优化和具体运用最优化等多个方面。

（3）交际性教学原则。在整个教学过程中，教师应当把韩国语作为一种交际工具来教学，重视在韩国语听、说、读、写、译等交际实践活动中学生语言运用能力的培养。

（4）互补性教学原则。各种教学媒体，既不是简单地采用一种而排斥其他，也不是兼收并蓄、多多益善。多媒体教学中各种媒体的关系应该是相互补充、有机结合的。

（5）发展性教学原则。这是指学生在掌握基础知识和基本技能技巧的同时，教师也要使其智力得到开发，注意培养与提高学生探索、观察、思维和实际操作等能力。

（6）简便性教学原则。许多现代的教学媒体原理深奥、结构复杂，但其操作必须简便易行。简便性的一个含义是指多媒体在教学过程中的衔接应该是紧凑的、变换自然的，另一个含义是软件操作、人机交互的简便。

（7）实效性教学原则。衡量多媒体教学成功与否的重要标准，就是看它在提高教育教学质量上的作用。

（8）立体性教学原则。这一原则应当体现媒体使用的多样化、课堂结构的多元化、教学方法的灵活性、教学目标的多维性、学生能力培养的多面性等方面。在听说读写译阶段，教师要保证学生的全面发展、言语认知过程的多元化，要保证训练方法的立体交叉性。

（9）情境性教学原则。言语总是和情境紧密联系在一起的，因此，在教学过程中，教师要为学生创造交际情境。

（10）艺术性教学原则。它是指教学媒体运用的艺术、教学语言的艺术、教师组织教学的艺术、方法选用的艺术、教学体态语言的艺术、处理偶发事件的艺术，等等。

（11）互动性原则。在基于网络的协作学习中，学生的学习不再是被动的，而是转变为主动参与、积极探索，不断建构和整合自己的认知结构；教师的作用在于指导、点拨；各种教学媒体也不再是辅助教师进行课堂演示的工具，媒体掌握在学习者手中，成为学生获取知识信息、掌握技能的认知工具和交换意见、共同进步的沟通工具。

（12）合作性原则。合作学习有利于培养学生控制学习的责任感，也就是说，意义构建是在交互性极强的学习团体中实现的。

当然，韩国语教学的其他原则，如整体性原则、统一性原则、多样性原则、连贯性原则、主动性原则，以及系统原则、认识原则、文化原则、情感原则等同样适合多媒体辅助韩国语教学。

四、多媒体辅助韩国语课堂教学最优化

当代很有影响的俄罗斯教育家、教学论专家巴班斯基创建了最优化教学理论，该理论对于教学过程最优化目标的实现、教学质量的提高具有十分重要的意义。

1. 巴班斯基教学最优化的方法

巴班斯基认为，要使教学最优化，就必须以系统的方法看待教学全过程；把教学过程的所有成分、内外部条件看成相互联系的因素，论证教学过程的最优化原则，选择最优的教学方法、教学手段、教学内容和教学形式，形成最优化的教学结构。

最优化的判断标准有两个：一是效果与质量标准，即学生在教养、教育和发展三个方面都达到实际可能达到的最高水平；二是时间标准，即教师必须在尽可能少的时间内完成教学任务，取得较高的教学效率。

2. 巴班斯基教学过程最优化的原则和方法体系

（1）最优化原则：综合完成教育和发展任务的教学方向性原则；贯彻教学原则、科学性原则、直观性原则、可接受性原则、系统性原则、巩固性原则、理论联系实际的原则；最优选择教学方法、手段和形式的原则；最优评价教学效果的原则。

（2）最优化方法体系：明确教学任务，并使之具体化；突出教学内容中主要的、本质的因素；选择最优的讲授逻辑顺序和阶梯结构；确定合理的教学进程和速度；完整掌握教学过程全部要素的选择特征；尽量保证教学形式、方法在可能范围内的多样化；教与学都尽可能地与操作活动相结合；检查教学效果是否符合学生的实际学习可能性和时间用量。

3. 课堂教学结构最优化设计的方法和程序

韩国语课堂教学结构的最优化设计，需要分析课堂教学的各个要素特征，明确教学目标和教学具体要求，以局部优化的组合形成系统优化和整体优化的设计。课堂教学的各个要素包括教师、教学内容、教学媒体、学生。

对教师，设计内容和目标要求的内容如下：教学方法——精讲启发、引导发现、分析比较、演绎归纳；教学风格——深沉含蓄、生动活泼；教师活动——讲解、演示、提问、讨论、板书、使用媒体；教师形象——庄重大方、亲切优雅。

对教学内容，设计内容和目标要求的内容如下：内容选择——选择精华、深浅适宜、联系前沿、跨文化意识；内容组织——完整清晰、层次清楚、重点突出、联系紧密；内容编码——口语编码、范例编码、动作演示、教具演示、媒体展示。

对教学媒体，设计内容和目标要求的内容如下：类型选择——媒体选择模型；内容选择——精辟生动，与教学目标和教学内容一致；使用时机——先讲后播、先播后讲、边讲边播。

对学生，设计内容和目标要求的内容如下：学习态度——主动学习、自定步调、目的明确；学习方法——听思结合、学练结合、敢于质疑、敢于开口、及时复习；学习活动——观察思考、重复描述、讨论发言、操作练习、自学阅读。

优化课堂教学结构是一个系统工程，各个要素不是孤立的，而是相互联系、相互影响、相互渗透的。因此，在研究课堂教学结构优化问题时，不但要考虑每个结构的优化，而且要考虑课堂教学系统中各个结构成分如何组成最佳结构，以发挥课堂教学的整体优化作用和整体效应。

第五章 高校韩国语专业教学方法实践发展研究

为了提高韩国语教学的效率，创新其教学方法是当务之急。本章对韩国语专业实践教学体系构建问题进行了分析，分析了职业用途韩国语课程的开发问题，以及教学过程的文化导入方法问题。

第一节 韩国语专业实践教学体系构建

在韩国语专业教学中，应用型韩国语人才的培养，要求教师重视韩国语语言基础等相关知识，使学生通过专业学习，能熟练地将韩国语运用到未来的工作和生活中。在此过程中，韩国语实践教学至关重要，尤其是新的发展背景下，社会对应用型、高质量人才的需求增加。因此，在教育教学改革发展背景下，韩国语专业发展需要构建科学的实践教学体系，这样，高校才能为社会培养更多的专业人才。

一、韩国语专业实践教学中的问题分析

虽然教育教学改革的不断推进和发展使现阶段的韩国语教学的理论教学得以发展，但在实践教学中仍然存在一些问题需要改进。

（一）实践性相对较弱

一方面，在韩国语专业教学体系建设中，实践性教学的比例相对较小，实践课时被压缩，实践教学时间短，教学效果不尽如人意；另一方面，教师的理论知识储备丰富，但是实践教学能力相对较差。当前，很多韩国语专业教师存在实践能力不足的问题，这也影响了实践教学的开展。此外，学生在实践环节的积极性相对较低。当前，韩国语专业教学考核多是以笔试为主，在这种考核

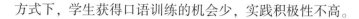

方式下，学生获得口语训练的机会少，实践积极性不高。

（二）教学课程体系活跃性不足

语言学习需要在轻松、愉悦的氛围中进行，教师应引导学生加强交流，才能提升教学效果。但是，韩国语专业设置和教学模式相对传统，限制了学生的语言交流，课堂中的教学氛围不够活跃，降低了学生韩国语实践交流的热情。

二、韩国语专业实践教学体系构建探讨

近年来，我国对外经济交流日益频繁，韩国语专业设置的目的主要是培养具备良好韩国语能力的专业人才，促进我国与韩国的经济文化交流。要适应新时期社会发展的需求，就必须重视韩国语实践教学。实践教学体系的构建包括校内实训和校外实训两个方面，将校内实践教学和校外实训结合，才能从整体上提升学生韩国语应用的能力。

（一）重视校内实践教学

在韩国语专业教学中，课堂教学是重要的环节。课堂教学中，教师要以学生为中心，革新教学理念和方法，将多种教学方法结合在一起。

第一，采用情境教学。文化发展环境对语言的学习有很大的影响。但在高校，学生使用韩国语交流的机会相对较少，因此，在课堂中，教师要为学生提供说韩国语的机会，设定一定的生活场景，让学生对生活场景进行模拟，从而使其可以在模拟教学中了解韩国风俗习惯和用语习惯，进而提升使用韩国语交流的实际能力。

第二，采用小组讨论学习的方式。在课堂教学中，教师可以采用小组合作学习方式，让学生以小组为单位，针对某一话题展开讨论，教师对讨论活动进行引导，并分析评价讨论的结果，以锻炼学生的说话能力。

第三，角色扮演教学形式。在课堂教学中，教师可以根据课文情节，要求学生进行角色扮演，以充分调动学生的学习积极性。

此外，在韩国语专业课堂学习中，为锻炼学生的口语能力，教师可以设置一定的立题，让学生根据确定的主题进行写作，或者是围绕某个主题进行演讲，鼓励学生表达自己的思想，以锻炼其韩国语口语和写作能力。

（二）重视课外实践教学

在韩国语专业教学实践中，教师还要重视课外实践的作用，充分利用课外实践，为学生营造良好的学习氛围，引导学生提升其口语能力。

第一，教师可以组织开展课外活动，如韩国文化节、韩语比赛、韩剧欣赏等活动，鼓励学生多参与课外实践活动，让其在活动体验中有机会讲韩国语、听韩国语，在实践中了解韩国的风土人情，不断丰富自身的词汇量，加深对韩国文化的了解，从而提升自身的文化素养。同时，教师还可以组织开展韩国语讲座，引导学生将所学的韩国语知识应用到实践活动中，并为其创建良好的语言学习环境。

第二，发挥校内实训室的培训作用。韩国语技能实训可以在校内实训室进行，如在语音实训室对学生的听说等能力进行集中训练，也可以通过模拟仿真实训，让学生提前了解岗位发展及需求情况。

（三）重视校外实训建设

学生在校外实习的过程中，能将课本所学的知识与实践相结合，提升自己的职业能力。韩国语专业实践教学可以加强学生与校外企业的合作交流，为学生建立稳定的校外实训基地，加强与校外企业的联系，深化合作，完善合作机制，建立校企合作办学培养人才的模式，学生在校内理论知识学习和校外实训的基础上，可以开展顶岗实习、社会实践活动，进而提升学生韩国语的应用能力。

（四）建立实践教学考核体系

一是课程教学的考核，采用平时成绩与期末考试成绩相结合的考核方式，对学生平时的讨论发言、论文答辩等进行考察，考核重视对学生听说能力及语言应用能力的考察；二是顶岗实习的考核。在顶岗实习的考核中，采取学校与企业联合考察的方式，企业实习指导员对学生的表现进行打分，学生根据实习要求，撰写实习日记和总结，教师对顶岗实习进行测评。

第二节　职业用途韩国语课程开发与深入

一、职业用途韩国语课程的培养目标

目前，各高校韩国语课程都提出了大同小异的职业能力培养目标，没有反映出地域特点或高校自身特点。因而，本节课将以山东理工大学为例，对韩国语专业的培养目标进行分析。

（一）韩国语专业教育目标（修正案）

山东理工大学韩国语专业的人才培养目标是培养德、智、体、美、劳全面发展，具有韩国语坚实基础和科学文化知识，通过听、说、读、写、翻译等全方位系统化的训练，能掌握韩国语沟通技能，并具备综合熟练运用的能力，拥有良好的人文素养和创造精神以及实践能力，能在各个行业从事外交、经济贸易、文化交流等职业的复合型人才。

在韩国语教育中，学生的学习动机非常重要，所以要通过对学生的需求调查来设定目标。在以学生为中心的课程中，教师需要根据学生的要求对目的和目标进行重组，同时也必须反映教育政策、教育机构、教师的特点和要求。

韩国语专业职业用途课程的目标是由三个主要因素决定的：韩国语专业培养目标、社会需求、学习者的需求。

首先，在很多高校的韩国语专业培养目标中，其业务能力的要求是培养能够从事外交、对外经济贸易、文化交流、广播出版、教育等职业的复合型人才。因此，学生不是需要具备一两种职业能力，而是要具备多种业务能力。

其次，由于用人单位需要毕业后就能立刻胜任工作的应用型人才，所以学生在学习过程中必须学习实用性的知识。其不仅要有充足的理论知识，还必须具备良好的实用能力。

再次，从学生的学习需求角度来看，他们希望了解多种职业领域的业务知识。

（二）职业用途韩国语课程的目的

第一，使韩国语专业的学生能够熟悉职场中经常接触的韩国语知识，并能做出适当反应，在就业后能迅速适应工作环境。

第二，通过培养学生在不同职场环境下有效进行沟通的能力，使其能够在毕业后成功地完成工作任务。

（三）职业用途韩国语课程的目标

第一，梳理外交、对外贸易、教育等韩国语专业教育目标中出现的与工作相关的情况，使学生能够熟悉相关的职场生活并能在工作后迅速适应。通过具体的主题学习使学生对具体的职业、具体的行业、具体的业务等有基本的认识。

第二，让学生掌握为了完成业务所需的谈判、订购、会议、多媒体演示等能力，与客户进行业务活动时，学生可以顺利沟通并能完成业务，能够灵活进行各种社会活动和单位内部相关主题的沟通工作。

二、职业用途课程教学科目

(一) 韩国语教学科目

从对学生的需求方面可以看出，需要增开业务、职场环境、人际关系、商务文件、计算机操作等相关韩国语教学科目。

由于职业用途韩国语教育课时、比例等都是已定的，因此，必须根据教育课时和比例来设定职业用途韩国语教学科目。由于每所大学的课时不同，所以应该根据学校或地方特点来设定韩国语教学科目。

(二) 跨专业教学科目

各高校的韩国语专业是根据课程的体系设置的，如根据课程的课时、学分等来设置跨专业科目，并且每所高校都可以根据自身特点或地域特点设置特色科目。本节以山东理工大学为例，研究跨专业教学科目设置问题。

山东理工大学位于山东省淄博市，淄博市纺织业发达，很久以前，其纺织产品就一直在山东省的出口贸易中占很大的比重。尤其是现在，相关部门正积极地与韩国开展纺织品贸易，有很多韩国人在淄博市建立了纺织公司。

因此，山东理工大学韩国语专业的学生需要学习纺织领域的跨专业知识，但纺织领域的跨专业教学科目开设，不能完全照搬纺织系的教学科目。根据专家的意见，布料织物服务设计和服装生产科目的实用性强，学生就业后可以立刻应用。山东理工大学已设有纺织系，具体分为服装设计与工程和纺织工程这两个专业。因此，韩国语专业的学生可以申请参与纺织系的教学过程并取得学分，学校也可以请纺织系的教授为韩国语专业的学生授课。然而，纺织系的学生所需的纺织知识与韩国语专业学生所需的纺织知识是不同的，而且授课的课时和学分也不一样。所以最有效的方法就是邀请纺织系的教授为韩国语专业学生进行有针对性的授课。

如表 5-1 所示，山东理工大学纺织系开设了 10 个与服装设计有关的教学科目，总学分为 32 学分。由于服装设计与工程专业的学生毕业后要直接从事设计工作，所以学习有深度的设计知识是必要的。而韩国语专业的学生只需要掌握纺织品交易或韩国纺织公司管理所需的一般设计知识就足够了。根据与纺织企业专家和纺织系教授的探讨，韩国语专业的学生应该学习以下与服装设计相关的教学科目。

表 5-1　山东理工大学服装设计相关科目

（1）服装设计基础（A）（3学分）
（2）女装款式设计（A）（3学分）
（3）女装结构设计（A）（4学分）
（4）女装工艺设计（A）（4学分）
（5）男装款式设计（A）（3学分）
（6）男装结构设计（A）（4学分）
（7）男装工艺设计（A）（4学分）
（8）童装款式设计与制作（3学分）
（9）童装结构设计（B）（2学分）
（10）童装工艺设计（A）（2学分）

最后，考虑到学生个体需求及其毕业去向选择上的差异，学校应向学生提供除纺织专业外的其他专业科目。但问题是在中国大部分高校里，韩国语专业的规模都较小，由于生源不足、师资力量不足等原因，很多跨专业科目的开设都面临着现实难题。

（三）实践教育

部分毕业生与教师对实践教育的满意度较低，主要问题是实践教育只是在校内进行，实用性较差。中国高校的韩国语专业与企业应该如何合作才能有效提高学生的应用能力，怎样开展对企业有利，怎样使实习生受到欢迎，这都是需要研究的问题。

作为参考，韩国的大学已将多元化的实习战略作为特性化战略的一环进行推进。表5-2是地域合作产学协作与统筹产学协作课程的具体示例。

表 5-2　地域合作产学协作与统筹产学协作的具体示例

区分	特性化项目内容示例
地域合作产学协作	进行与地域战略产业相关的专业科目开设和学科整合； 往地域企业派遣学生、进行实习教育； 强化与地域企业相关的研究，教育项目； 企业特聘教授，产学兼任教授； 产学合作和运营； 教育现场研究学期制

续表

区分	特性化项目内容示例
统筹产学协作	开设实用科目； 开发和实行企业要求的强化能力的课程； 改善就业相符型课程； 开设就业扶持中心； 参与实习项目

韩国的大学按照大学特性化战略，分为地域合作产学协作和统筹产学协作两种类型。

高校韩国语专业应与地区企业进行合作，学校应派学生到企业中进行为期几周的实习。建议高校或韩国语专业寻找多元化、有长期合作意愿的企业，以便于长期开展合作，开展实习项目。当然，只有找到对学校和企业都有益的合作方式，才能使这一项目更好地运营下去。如果山东理工大学能与当地的纺织企业或韩国公司、贸易公司等进行合作，把学生派遣到企业中接受实习教育，对提高学生的应用能力将大有助益。

此外，学校既要有企业中的实习项目，又要有学校内的实习科目。例如，韩国语翻译训练或模拟面试等实习项目都是在教授的指导下进行的，而由于很多实习科目的教师没有现场工作经验、缺乏实际操作知识，所以指导起来很困难，效果也不好。这个问题可以通过企业特聘教授，产学兼任教授等方式来解决。另外，可以实行教授现场研究学期制，教授可以到企业中积累业务经验或相关的职场经验知识等，这将有助于教师指导学生实习。

三、职业用途韩国语课程教学内容

（一）开发原理

在韩国语专业课程中，培养业务能力的部分有三个，分别是韩国语科目、跨专业教学科目和实习教育。

本研究在对现行韩国语专业课程体系进行充分考察的同时，也分析了培养业务能力的韩国语课程的开设时间、教学科目、课时等。其结果是，各高校根据各自的办学类型、地区特点、自身特点等，设计了多种多样的培养业务能力的教学大纲，且其开设的教学科目、课时、实习方式都不相同。因此，本研究根据韩国语专业培养目标和毕业生的主要需求，将职场所需的基本知识整合成一个科目的教学内容，将科目名称定为职场韩国语。除了职场韩国语之外，各大学还可以根据自身的办学类型、地区特点、独特风格等开设相关的教学科目。

为了符合现有的韩国语专业课程体系，教师可设计体系化的框架。表5-3将这一框架与专业的需求分析结果相结合，高校可以按其标准来开发课程。

表 5-3　职场韩国语的开设

开设时间	2个学期：5~6学期或6~7学期
学分与学时设置	4+4学分（讲课4学分+实践4学分）
	每学期2+2学分，1周2+2小时

职场韩国语是从学完韩国语基础知识后的第5学期开始的。此时学生们的韩国语水平相当于中高级水平，学生已经掌握了一般的沟通语言和语法，学习与职业相关的韩国语知识也不再会有语言上的障碍。因为最后一个学期即第8学期学生要写毕业论文，所以教师无法授课。职场韩国语教学科目的平均学分是6学分，各高校可根据情况进行调整。

职业用途韩国语课程由职场韩国语、实习教育和跨专业知识三个部分构成。该课程体系要求增强教学内容的职业实用性，将与职业相关的科目与实习教育相结合是增强实用性的好方法。因此，教师在开展实习教育的过程中应融入职场韩国语的教学内容，使学生在学习职场韩国语的相关知识后能够及时进行实践。

具体来讲，职场韩国语科目的内容要求有如下几个方面。

第一，韩国语专业培养目标应体现外交、对外贸易、教育等与职业有关的内容和工作环境，这可以使学生熟悉未来的职场生活，以便于快速适应。

第二，在多元化的职场中，员工应提高应对能力、有效沟通能力，以便于胜任工作，掌握业务所需的技能，从而较为轻松地完成工作。

第三，教师设定具体的主题，使学生对具体的职业、具体的行业、具体的业务具备一定的认识。

第四，教学内容应包括所有与说、听、读、写、翻译等语言能力相关的课文和作业活动，以提高学生听说能力的课文和作业活动为主。

第五，教学内容应包含与职场韩国语相关的其他专业的知识和职场文化等，如询价、报价、还价等相关知识，办会流程与要求等。

第六，作业活动的开展要用到实习教育的内容，要符合实际职场生活和社会生活。

（二）教育内容

教育内容应涵盖对学生听、说、读、写、译各项技能的培养，教师在第5~6学期或第6~7学期授课。我国大学一般按照每个学期授课16周、每周1次课、每次2小时来设计教学大纲。设计标准如下：

教学大纲由题目、功能、内容、词汇/表达、扩展、作业活动等部分构成，以沟通功能为基础设计内容、词汇/表达、作业活动。例如，第1周设计者设置"面试"功能，课文由"自我介绍"和"面试"内容构成，编写人员编写与"面试"有关的职员招聘介绍等相关内容。在词汇表达方面，设计者要加入"面试"时经常用到的问候语、面试表达等。在"扩展"板块中，设计者应加入面试时经常出现的提问和提高面试成功率的注意事项。"作业活动"则包括为了锻炼"面试技能"的"制作简历""模拟面试"等作业。

第三节　韩国语专业教学中的文化导入

一、文化意识培养问题思考

文化与语言之间的联系也是高校韩国语专业教学需要重点探讨的问题。韩国语教学作为高校语言教学的重要组成部分，需要融入韩国文化知识，通过对学生文化意识的培养辅助高校韩国语专业教学，突出新时期高校语言教学中复合型人才的培养目标。韩国语教学与文化渗透之间存在必然关联，文化导入的方式能够促进高校韩国语专业教学实效性的提升。

在教学过程中，教师应当立足于文化结构的特点，促进文化知识的传播。在语言这一辅助性工具的配合下，促进沟通以及思想的交流是高校韩国语教学的核心任务，同时韩国语教学的实施也不应局限于单纯的语言讲解方面，还应结合必要的文化内容体现语言的交际功能。作为一门小语种，韩国语的形成和发展受到了本民族文化的影响，韩国语的语言魅力要通过一定的文化因素才能体现出来，这是高校韩国语专业教学除了语言授课之外需要重点关注的问题。

二、中韩文化之间的差异分析

在韩国语教学过程中，中韩文化差异的讲授集中体现在词汇教学、语句教

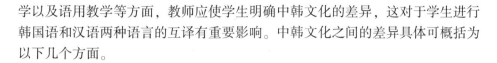

学以及语用教学等方面，教师应使学生明确中韩文化的差异，这对于学生进行韩国语和汉语两种语言的互译有重要影响。中韩文化之间的差异具体可概括为以下几个方面。

（一）认知视角差异

韩国受中国文化影响较为明显，这一文化影响表现在韩国文化的认知思维方式和价值观念方面，还表现在民间信仰、意象形象以及艺术创造等方面。基于此种背景，韩国语与汉语在语言表达方式方面存在一定相似性，但二者更多的还是呈现出差异性。

韩国语和汉语文化的差异可从不同的文化视角得到体现，而这一文化障碍的跨越也与认知视角有着一定联系。不同的表达方式在同一思维概念中的运用所对应的比喻形象自然也有所差异。在认知视角的影响下，韩国语与汉语尽管在特定的概念意义方面存在一定的相似性，然而在具体的语用意义方面却有所不同，甚至其特定的文化指称所引起的含义联想也截然不同。

（二）习俗文化差异

在不同文化习俗的影响下，语言意义表达经常出现令双方都尴尬的局面。例如，在中国人的传统文化中素有"红白喜事"之说，中国人习惯于将庆生、娶媳或是生育等事称为"红喜"，这是韩国人能够理解的，然而他们不理解的是为何中国将高寿之人去世称为"白喜"，这是二者民俗文化中典型的差异。在民族文化的影响下，对于色彩的感受也是词汇含义形成的重要原因。例如，韩国素有"白衣民族"之称，韩国人喜爱白色，新娘的婚礼往往以白色为主，然而在中国葬礼中悼念者往往也会穿白衣，白色甚至还与中国人思想意识中的高尚与纯洁观念有关，会在一定场合中忌讳白色。

（三）历史文化差异

在不同社会文化集团中，跨文化交流活动的开展时常会受到各种历史及文化因素的影响，这一"天然屏障"使得语言本身在表达过程中也遇到了更加复杂的问题。作为历史文化的重要组成部分，历史典故对于语言和文化的影响不容忽视，韩国语中的历史典故也是文化教育中需要重点关注的内容。

在同样一个文化圈中，借助某些简单的符号可起到讲述复杂信息的作用，其多重意义的解释也显得相对便捷。相反，若是缺乏必要的文化圈支撑，则历史典故的语用含义也将不复存在。

（四）地域文化差异

民族文化的形成与发展需要融合特定的生存条件，在特定地理环境或是自然条件下形成的个体经验也就成了特殊的语言文化。

例如，中韩地域文化中的方位与相应物差异也十分明显。中国传统文化视右为尊、北为卑，在成语中就有"无出其右"这一表述方式，显示以右为尊的文化传统。韩国语文化中对于左右及南北这些方位词并无刻意划分，因此汉语中的这一区别也使得韩国人颇感奇怪，百思不得其解，这也是文化差异的一种体现。

（五）人名、称呼差异

利用亲属关系来称呼对方是两大民族的文化习惯之一，这是对双方亲密关系的一种描述，由于中国和韩国在表达方式上存在差异，因此在称呼上也有所不同。

第一，亲属称谓与姓氏相加的称呼方式，如赵大叔、王大娘等，这是中国常见的一种姓氏称谓。然而在韩国语文化中却没有这样的称谓，他们认为对长辈直呼姓氏或是名字便是一种尊重。

第二，亲属称谓与排行相结合的称呼方式，比如三婶、四舅等，这样的称呼在汉语中常见的，然而韩国语中却并未涉及。韩国语并不对称谓加以排行，在面对面直接称呼的场合中也很少出现这样的称呼形式。

三、文化教育导入的意义

在韩国语教学的过程中，教师应重视对学生表达能力的培养。中国和韩国在民族文化和语用方式上存在很大的差异。所以说，高校韩国语教师应充分重视这一点，并进行相应的教学改革，在教学内容中体现出韩国人的生活习惯和韩国的发展历史、民间风俗、地理分布等。韩国语教师倘若缺乏对以上内容的理解和认识，则很难正确引导学生学习韩国语。因此，教师在开展韩国语教学的过程中，不仅要传授学生正确的韩国语知识，还要使学生能够对韩国语有深入的理解，让学生能够在不同的地点灵活自如地使用韩国语。与此同时，为了达到用韩国语顺利交际这一目标，学生要充分了解韩国人的说话习惯，理解对方说话的含义，并正确表达出自身的想法，这是韩国语学习中的重要任务。然而，实际的韩国语课堂相对缺乏合适的语言环境，再加上教师普遍采用结构主义的研究方法，使得韩国语的教学仅仅停留在语言教学的表面，并没有深入贯彻到韩国语文化的输入层面，这就导致学生不能灵活地掌握韩国语文化。所以说，韩国语教学一定要突出文化教育的重要性，引导学生充分了解韩国文化，切实提高学生对韩国语文化的理解能力。

现阶段，我国高校越来越重视在韩国语教学过程中融入文化教学。众所周知，语言和文化是相辅相成、密切相关的。一方面，语言是文化的具体呈现，文化以语言为载体；另一方面，文化能够影响语言的发展，文化的调整也会对语言产生巨大的影响力。学生在学习韩国语的过程中，既要认识韩国的文化，还要以此为基础培养应用韩国语的各项能力。语言作为对话、沟通的桥梁，其价值远不止这一点，它还能够显示出一个国家人们的风俗习惯、生活方式、心理状态等。第二语言的学习一定要包含渗透文化的教育，否则第二语言的学习只能停留在表面阶段，难以体现其实用性。

四、韩国语教学中的文化教育缺陷

首先，在高校韩国语教学过程中，教师选择的大多是单一的教学模式，只简单地进行韩国语单词、句型、语法的教学，这在很大程度上降低了学生学习的积极性，导致学生韩国语学习能力无法得到有效的提高。一般而言，如果韩国语的教学没有体现出文化的重要性，则学生很难实现有效的韩国语学习。其次，教师在进行韩国语教学时，一般会传授给学生基础的语法知识和句型，学生很难通过课堂上的学习了解韩国的文化，导致学生缺乏对韩国文化的理解，阻碍了韩国语跨文化交际目标的达成。

五、韩国语教学中文化渗透不足的原因

近年来，我国高校韩国语教学侧重于语言教学，在一定程度上对文化教学有所忽视。语言教学所占的比例大，文化教学所占的比例小；课堂知识的传递量大，课外知识的传递量少，这是我国高校韩国语课堂教学的现状。与此同时，很大一部分的韩国语教师忽视了文化教学的重要性，部分学生片面地认为韩国语的学习就是对语法、句型和单词的学习。这种现象在很大程度上抑制了学生韩国语学习能力的提高，使得很多学生的跨文化用语能力不高。笔者从以下几个方面对这种现象产生的原因进行分析，希望能够为高校韩国语课堂教学提供有效的帮助。

（一）教师缺乏韩国文化知识

从我国现阶段的教学师资力量来看，开展韩国语教学的高校大多聘请的是韩国语专业毕业的教师，同时，有海外留学经历的教师所占的比例也在不断上升。教师是韩国语课堂教学的主导者，应当成为韩国文化和中国文化的传播者。然而部分教师缺乏对韩国文化知识的认识，也没有受到专业的韩国语文化的熏陶，导致目前高校韩国语教师对韩国文化认知不全面，从而很难向学生传递正确的韩国文化。与此同时，部分韩国语教师没有充分认识到文化的重要性，使得学生无法有效地学习韩国文化，这些都在不同程度上影响了学生学习韩国语的积极性和主动性。

（二）没有足够的教学资源和条件

受教学资源等客观因素的影响，教师的韩国语文化教学并没有得到有效开展。现阶段，国内介绍韩国文化的书籍相对较少，尤其是针对高校韩国语文化教学方面的书籍相对短缺。事实上，选择适合高校韩国语教学的教科书难度较大，甚至部分教学内容只能靠教师自己整合资源。然而，目前的高校韩国语教师大多比较年轻，缺乏实际的教学经验，也很难将书面上的知识转换为教学资源。再加上一些年纪较长的韩国语教师教学任务较为繁重，缺乏足够的时间进行相关方面的研究。

（三）学生缺乏学习文化背景知识的主观能动性

学生没有受到真正的韩国语环境的熏陶，只能够在课堂上进行韩国语的学习，也很难与韩国人进行面对面的交流，这些都是造成学生缺乏韩国语文化学习主观能动性的原因。学生没有充分认识到韩国语文化学习的重要性，在平时的人际交往中也很难用到韩国语，更不用说与韩国人进行跨文化交流了。甚至在部分学生看来，通过韩国语等级考试才是学习韩国语的首要任务。

（四）韩国语教学主要以灌输语言知识为主

虽然目前教育体制改革已经颇有成效，但仍有很多高校十分注重学生的考试成绩，课堂教学也只是突出语法、词汇的教学，并没有充分体现出韩国语文化教学的重要性。韩国语的教学与韩国文化知识的传递应该在教学课堂中同时体现。在实际的韩国语课堂教学中，教师首先要突出的就是教学的实用性，并保证教学的准确性和形象性。

（五）韩国语教学模式保守单一

现阶段我国高校的韩国语教学，大多采取的是教师讲、学生听的教学模式。教师在教学过程中扮演主导角色，学生则显得十分被动，课堂氛围不理想。即使教学内容中涉及文化，教师也不会进行详细的讲解，很难与学生共同探讨相关的韩国文化知识，导致学生丧失对韩国文化的求知欲望。这样的韩国语教学方式很难起到实际作用，无法有效地提高学生的韩国语知识水平。

六、韩国语专业教学中的文化导入策略

（一）韩国语教师自身文化素养的加强

韩国语教师加强自身文化素养，除了有助于民族优秀文化的传播之外，在促进民族文化素养提升方面也有积极影响。语言学习的过程，教师除了需要立足基础语言知识的讲授外，还应不断夯实学生的文化基础，通过提高学生的文化底蕴彰显自身的教学水平，这对于学生文化素质的培养至关重要。韩国语教学的实施在突出文化教育重要性的同时也不应忽视对成语、谚语及日常用语等内容的讲解，其中就涉及相关的历史文化、政治经济以及社会道德等方面的内容。在网络媒体等手段的辅助下，教师应当尽可能地实现学生对韩国文化背景的综合了解。与此同时，韩国语教学也不应过分受制于课本，教师应明确文化与语言学习之间的关系，通过文化渗透增强语言学习的有效性。需要注意的是，教师在语言教学过程中实施文化渗透还应当重视对学生文化意识的培养，这对于高校韩国语专业学生跨文化交流能力的提高有积极的促进作用。

（二）提高韩国语课堂教学方式的有效性

教师还应实现对韩国语文化内容的有效拓展。不可否认，在文化知识学习方面，教材的重要性不容忽视，在使用教材的过程还会涉及相关的文化、科技、经济、教育等方面的内容。现阶段我国高校的韩国语教材主要有《标准韩国语》和《韩国语教程》等，这些教材对韩国文化背景介绍得较多，并且能够突出文化材料的生动性，这对于学生韩国语的学习有着积极的指导作用。这就需要教师在韩国语教学过程中能够充分利用教材，深入挖掘语言文化的内涵，在及时有效的文化渗透辅助下增强学生语言运用的灵活性。

此外，中韩文化之间的对比也是文化渗透中不可忽略的重要部分。在韩国语教学中，教师需要充分了解语言环境下的文化背景，让学生通过对比母语文化提高反应能力。语言文化的对比需要从中韩文化的差异性出发，教师应积极帮助学生克服母语文化对韩国语学习的干扰，使学生明确母语与韩国语文化之间的关联。学生需要在理解文化和语言关系的基础上逐渐了解与语言学习相关的历史习惯及文化习俗，在和谐融洽的环境下实现语言交流。在文化交际背景构建方面，教师除了传授交际用语外，还应当突出对文化背景的创设，在特定的语言环境下促进语言交际活动的开展。此外，类似小组练习以及角色扮演等

课堂组织形式也能够促进语言环境的构建，语言实践活动的开展，能够促进韩国语文化教学的实施，这既是促进学生跨文化意识形成的重要过程，同时也是韩国语教学实效性提高的有效路径。

（三）在多媒体技术辅助下促进韩国语文化教学的实施

科学技术的高速发展对于语言文化教学而言是有力的补充，在多媒体技术的辅助下，韩国语文化教学的实施能够在更加形象生动的课堂环境中展开，教师可以在浓厚的语言氛围中引导学生更加全面地感受文化教学的气息。除此之外，互联网、录像以及电影等手段也是文化教学实施的重要辅助方式，在声像教学的双重配合下明确汉语文化与韩国语文化之间的差异，这是韩国语文化教学尤其需要关注的问题。

（四）通过课外活动的开展促进文化渗透

教师可以利用韩国杂志、报纸、文学作品，以及播放纪录影片等形式来带领学生更加深入地了解韩国的社会文化，在轻松融洽的教学氛围中提升学生的语言能力，这对于韩国语文化知识的传播大有益处。组织课外活动是韩国文化渗透的有效方式，有利于教师在培养学生交际能力的同时促进学生文化水平的提升。有效的课外活动形式包括话剧表演、演讲比赛以及韩国语辩论会等。

高校韩国语专业教学过程中的文化渗透需要从提高教师自身的文化素养着手，通过营造丰富有趣的课堂教学氛围培养学生韩国语跨文化交流能力，提高课堂教学方式的有效性。此外，韩国语文化教学与多媒体技术的结合也是培养学生跨文化交际能力的有效途径，借助课外活动和多媒体技术促进文化渗透是韩国语教学不容忽视的重要手段，这对于高校学生韩国语交际能力的提升至关重要。

第六章 高校韩国语教学效果提升方法分析

高校韩国语的教学不仅能加深学生对语言的认识，还可以提升学生运用韩国语听、说、读、写等基本技能的能力，更重要的是能够培养学生在实际生活中的交际运用能力。本章从韩国语的听力教学、口语教学、阅读教学、写作教学、翻译教学等方面入手分析，以提升高校韩国语教学效果。

第一节 韩国语听力教学提升方法

一、韩国语听力教学的特征

作为语言学习的四项基本技能之一，听力在语言学习中是最基础也是很重要的技能，在语言学习中占据着相当大的比重。"听"是任何交流与沟通过程中不可缺少的一个环节，"说""读""写""译"都是在"听懂"的基础上实现的。如果"听"不懂或者"听"错意，那么学生对输入信息的判断和反应都将受到影响，导致之后的环节出错。韩国语听力课程在韩国语课程体系中固然是重点学科，但同样也是难点学科，而这个"难"主要是由两方面造成的：一方面是由韩国语自身特点造成的。韩国语的语音数量较多，元音、辅音、收音加起来有几十种语音；再者，韩国语不规则的音变现象以及语法形态数量较多，要想将韩国语的所有语言特性牢牢掌握需要付出较大努力。另一方面，语速、语言环境、听力理解方法以及学习者对韩国语文化的了解程度等其他原因，都在不同程度上加大了韩国语听力教学的难度。

二、韩剧在听力教学中的重要性

随着信息化社会的发展，影像资料在韩国语听力教学中的应用逐渐增多，教学价值也得到了相应的提升，韩国电视剧、电影、音乐等均成为韩国语听力教学中常用的教学素材。其中，韩剧在教学中应用最广泛，教学效果最佳。单纯的音频文件仅是从听觉上刺激人的大脑记忆层，记忆效果一般；而视频文件是从听觉和视觉两个方面直观刺激人的大脑，因而给人留下的印象更加深刻，记忆时间更长。

第一，韩剧以现实社会为背景，源自生活。对于大多数韩国语学习者而言，韩国语敬语的学习和应用是韩国语学习的难点之一，而韩剧中所体现出来的各种人物关系以及在各种场合中人际交往情形、不同场合中不同等级的用语等对学生学习和应用韩国语中的敬语都有较大的帮助。

第二，韩剧的内容涉及众多领域，较为新颖。丰富的感情、生动的描写、幽默的语言以及柔和的语调是韩国语表达中所体现出来的主要特点，而包含了这些特点的韩剧台词为韩剧增色不少，使得韩剧对观众的吸引力加大。另外，受生活化剧情的影响，韩剧的台词涉及的范围较广，囊括生活的很多方面，内容丰富。将这种丰富而新颖的谈话带入实际的韩国语学习中，不仅可以提高学生的学习兴趣，还有助于扩宽学生的眼界，更有利于提高其韩国语听力水平。

第三，韩剧词汇丰富，发音清晰，语调纯正。在韩剧中，除了会出现大量的常用词汇之外，还会出现日常用语、谚语、惯用语、外来词等。通过观看韩剧，学生可以从中了解和学习到比较原生态的发音和词汇应用，能够有效地提高学生的语法调度水平，促进其韩国语听力能力的提升。尤其是在韩国语发音的学习上，观看韩剧可以帮助学习者更好地掌握复杂的语言变化。

大学生对韩剧的兴趣比较高，然而并非所有的韩剧都适合作为韩国语的听力素材，因而教师在选择韩剧作为听力素材时可以按照以下内容来选择。

第一步，选择与学生兴趣相符的韩剧。韩剧类型众多，并不是所有的韩剧都能引发学生的观看兴趣，对于不感兴趣的韩剧，他们想看、想听的欲望自然较低。这样的韩剧作为韩国语听力素材所能起到的作用较小，所以正确选材的第一步是选择学生感兴趣的韩剧作为听力素材。

第二步，选择具有教育意义的韩剧。在选择韩剧作为听力教学素材时，教师可以选择一些涉及校园生活、情节内容积极向上的韩剧作为听力素材。这样学生的韩国语听力水平在得到提高的同时，学生的思想道德素质也得到了提升。

第三步，选择语言通俗易懂的韩剧。教师在选择韩剧作为听力素材时，还要考虑韩剧内容的专业性，如一些以医学为主题的韩剧，即使韩剧故事情节十分精彩，但是医学内容过于专业，即使是韩国人都未必理解这些内容，更不要说学习韩国语的外国学生。

第四步，选择语音语调标准的韩剧。韩国是单一民族国家，即使各地的方言有所不同，也不会像中国的方言一样千差万别，韩国语方言的不同主要体现在语音和语调上。对于韩国语听力教学而言，方言过多的韩剧在听力教学中的作用不大。

综上所述，韩国语听力课程作为韩国语专业课程教学中的专业主干基础课程，在韩国语专业课程体系中占据着绝对重要的地位。韩剧新颖而丰富的内容、准确的语调发音以及诙谐风趣的故事情节为韩国语听力教学提供了优质的教学素材。它不仅增强了学生学习的积极性，同时也能够帮助学生更好、更快地掌握韩国语学习中的重点和难点。

将韩剧应用到韩国语听力教学之中，通过画面、音频、音乐等多种途径将教学内容以更生动立体的形式展现在学生面前，强化了韩国语听力教学的创新性、知识性、趣味性和完整性，既促进了教学内容和教学形式的多样化，又开阔了学生的视野和知识面，促使学生在"听"韩剧的过程中学习韩国语，不断提高语言应用能力。

三、韩国语歌曲在听力教学中的应用

随着教育教学事业改革的全面推进和广大教育工作者对教学工作的持续探索和不断实践，在传统教学模式被突破的同时，教师在教学活动中的角色也不再是单纯的"传道授业解惑者"。如何提高学习过程的趣味性、为学生创造最佳的学习状态、营造良好的学习氛围，是韩国语教师在教学中所要探索的重点，尤其是对韩国语初学者而言这一点颇为重要。将韩国语歌曲与多媒体教学手段相结合，运用到韩国语教学中，既有利于提高学生学习韩国语的积极性，激活课堂教学氛围，让学生在轻松愉悦的环境中学习，促进高效教学的实现；也有利于学生韩国语语音、语调的训练，促进学生韩国语听、说、读、写能力的提高，扩大学生的词汇量，巩固学生的语法及句型知识。

（一）利用韩国语歌曲教学的训练应用

1. 巧练语音技能

韩国语歌曲的歌词中生动鲜活的口语占据了不小的部分，其中如连音、紧音、同化等平常比较难区分的语音现象在韩国语歌曲中比较多见，如果注意力不够集中，学生很容易忽略。所以，在学习韩国语歌曲时，可以让学生将歌词

中的语音变化根据语音规则标识出来，模仿歌曲中的语音变化。通过这样的方法，一方面能够提高学生对语音变化的掌握能力，另一方面能够帮助学生养成良好的语言习惯，提高学生的韩国语语速和语言表达能力。例如，可以给刚学完韩文字母的学生放一些容易学唱的歌曲，通过歌曲让学生在比较轻松地掌握连音、紧音等语言变化技巧的同时，使得韩国语教学更加趣味生动，提高学生的学习兴趣。

2. 开展听力训练

不少学生表示在韩国语学习中最困难的技能学习就是听力技能学习，而教师或学生自身对听力技能的忽视、听力教材的匮乏、外界的干扰以及听力练习时的情绪等都在不同程度上增加了学生听力学习的难度。将韩国语歌曲应用到韩国语教学中，一方面通过柔和的音乐舒缓学生的紧张情绪，另一方面歌曲为学生营造了一个相对真实的听力环境，有助于学生听力技能的提升。有些歌曲的歌词内容比较充实，有较强的逻辑性，那么教师就可以在考虑学生的听力水平和词汇量的基础上将歌词改编成填空练习题。这种填空教学既有趣又具有挑战性，可以在提高学生学习兴趣的同时，帮助学生找出自己在发音及听力上的不足。

3. 提高口语表达能力

韩文歌曲中所展现出来的语言、句型等表达均非常标准，且鉴于歌词的特性，不论是朗读还是记忆都比较方便。同时，歌曲的发音相对比较纯正，为学生形成正确的韩国语发音提供了示范。另外，教师也可以引导学生对歌曲的中心思想内容或歌词的意思进行讨论。

4. 提高阅读能力

理解歌曲的大致内容，对歌曲文本有基本的了解，在大多数情况下，这是学习韩国语歌曲必不可少的环节之一。在这个环节中，教师可以要求学生对歌曲文本进行快速阅读，并针对歌词内容进行提问，借此来训练学生快速阅读的能力和捕捉信息的能力。

5. 提高写作能力

当学生听完一首歌曲后，教师可以要求学生以写作的形式将对该曲的听后感写出来，听后感内容不限，可以是将该曲与以往所听歌曲进行比较，也可以是就歌曲带给自己的内心或思想触动进行表述。此外，在听、唱韩国语歌曲的过程中，学生会自然地将一些句型记住，这对学生写作能力的提高也是有利的。

6. 提高翻译能力

教师在韩国语翻译课程中，可以尝试将歌曲与翻译教学结合起来，选取一些学生比较熟悉或喜欢的歌曲作为翻译教学的素材，以更生动直观和实用的形式向学生讲述韩国语翻译的知识和技巧。当这类练习增多后，学生的理论知识也会逐渐丰富起来，学生的翻译能力和学习兴趣也会随之提高。与生硬的韩国语课文和翻译技巧相比，将歌曲与翻译结合的教学形式更受学生欢迎，给学生留下的印象也更深刻。

7. 加强文化背景知识

韩国语语言学习的过程同样也是学生了解韩国文化的过程。在将韩国语歌曲应用到教学中时，教师可以向学生介绍歌曲创作的有关历史信息等，以便学生更好地理解歌词和曲调。

（二）韩国语歌曲辅助教学中教师的注意事项

学唱韩国语歌曲仅是韩国语教学中的一种教学手段，教师应科学选择与运用，进而更好地完成教学目标，实现高效教学。

首先，教师要选择合适的韩国语歌曲作为教学素材，这一步非常重要，对教学效果有根本性的影响。教师在选取时应尽量选择一些有欣赏价值和教育意义且具有趣味性的歌曲。

其次，韩国语歌曲教学不应该只是单纯针对某一技能的教学，而应该覆盖整个韩国语技能教学的方方面面，将韩国语歌曲的教学价值和意义充分地发挥出来，做到听、说、读、写并举，实现一举多得。

再次，将歌曲应用到韩国语教学中，教师应做到持之以恒、循序渐进，切忌操之过急，固定歌曲数量，从量的积累慢慢向质的提升过渡。

最后，既然是应用韩国语歌曲进行韩国语教学，教师在专业素养和音乐修养方面需要进行不断的提升，从而确保韩国语歌曲的教学意义得到充分发挥。

将韩国语歌曲与韩国语教学相结合的教学方法，是对以往教学的改进和突破。将韩国语歌曲运用到教学中，不仅激活了课堂教学的氛围，同时也为学生提供了更多的听、说、读、写机会，使学生的韩国语综合运用能力在实践中逐渐提高。在平时的韩国语教学中，教师应尽可能地为学生创设良好的歌曲教学环境和机会，做好教学准备，强化教学目的，全身心地投入教学活动之中，从而优化教学效果。

四、情景喜剧在韩国语听力教学中的应用

取材于日常生活的韩国情景喜剧内容一般比较轻松，且播放时间一般在30 分钟之内，比较适合用于韩国语听力课程素材。另外，在韩国情景喜剧中，不论是韩国语的语言、语调，还是表达方式都比较贴近韩国人的实际生活用语

状态，因而将韩国情景喜剧运用到韩国语听力教学中，既有助于增强韩国语听力教学的系统性，又有助于提高学生的听力水平，更有助于强化学生对韩国文化的理解和认识。

（一）情景喜剧作为韩国语听力材料的优势

1. 形式方面的优势

首先，从时间控制的角度来分析，20~30分钟的听力训练是比较科学合理的，是符合学生韩国语听力学习规律的，而韩国情景喜剧正好符合这一点。与时长2小时左右的电影相比，情景喜剧精短，更适合作为课堂听力材料，在30分钟左右的时间内学生就可以比较完整地了解故事的内容。

其次，只有20~30分钟的韩国情景喜剧能够在有限的时间中将一个完整的主题展示出来，剧情节奏较快，在较短的时间中给出多种情景，既提高了学生听力训练的有效性，又增强了听力训练的趣味性，提高了学生的学习专注力。

再次，韩国情景喜剧中的人物和背景构成基本相同，学生能够很快地掌握其中的基本人物和背景信息。而如果是将电影作为听力训练素材，学生则需要提前花费较多的精力对其中的人物关系和背景进行了解，这样听力训练的效率就很难得到提高。此外，情景喜剧中的人物和背景比较固定，这也减少了学生了解新人物和新背景的负担。

最后，大多数的韩国情景喜剧内容丰富，剧集数量庞大，且每集的主题均不同，有较大的选择空间。

2. 内容方面的优势

第一，情景喜剧取材于生活，多是涉及日常生活的内容，其中所提供的语言在韩国人的实际生活中使用和出现频率较高，有较强的实用性。通常韩国语听力教学所使用的听力材料都是教师或者专业配音人员在特定的环境下完成的，在语调和表达方式上基本一致，缺乏变化，不利于保持学生的学习兴趣。此外，这种听力材料与真实的韩国社会生活环境还是有所差异的，因此这样的听力训练实际是与生活相脱节的，不利于学生多样化表达方式的形成和对话语速的提高。而在电影或电视剧等媒介中，出于内容需要往往会出现一些特定领域的专有名词，相比较之下，以家庭、学校、职场为背景的情景喜剧的内容和语言更贴近大众生活，为学生展示了日常的韩国语语言在词汇、语调、语音方面的运用，是对韩国语课堂教学的补充。

第二，情景喜剧的题材一般比较轻松诙谐，有助于激起学生的学习动力和积极性。以往在选择听力材料时多以句型、语法作为主要的衡量标准，而忽视了学生对材料的兴趣，然而这种内容贫乏枯燥的听力训练使得学生对韩国语学习的兴趣渐渐降低，不利于听力教学效果的提升。而情景喜剧中幽默诙谐的内容能够有效地提高学生的学习兴趣，在反复的听力训练过程中，学生的学习信心也会不断提高，这时教学效果也就自然而然地得到提升。另外，将情景喜剧运用到韩国语口语教学中也可以在活跃教学氛围的同时，实现学习效果的提升。

第三，将情景喜剧运用到韩国语课堂听力教学中，不仅能够为学生提供学习语言的机会，还能为学生提供更多非语言的学习机会。相比以往单纯的以音频资料为主的听力教学，情景喜剧在听的基础上提供了视觉性的学习机会，借助形象的画面增强了学生对内容的理解，且其中所蕴含的表情语言和肢体语言等非语言性因素也为学生进一步了解韩国人语言表达和韩国文化提供了便捷的途径。

第四，学生可以根据观众的反映更准确地把握不同情景的表达方法。例如笑声，学生可以利用观众笑声中所透露出来的情绪来猜测词汇在这里的含义。

第五，韩国情景喜剧取材于生活，除了包括韩国民众的日常生活之外，还包括一些韩国社会的热点话题。所以在学习韩国情景喜剧的过程中，学生也会间接地感受到韩国文化，为学生了解韩国现代社会的伦理观念和思维方式提供了途径。

（二）选取韩国情景喜剧作为听力材料的标准

鉴于韩国情景喜剧并非专门为韩国语听力教学制作的材料，所以并非所有的情景喜剧均适合作为韩国语听力的材料，教师需要对其主题或内容的教育意义进行慎重的思考，只有选择合适的情景喜剧作为听力材料才能够促进教学目标的实现。总的来讲，教师在选择情景喜剧作为听力材料时需要考虑以下几点。

第一，情景喜剧的教育意义与学生水平的匹配程度。就内容方面而言，所选的情景喜剧中的专业词汇、方言、谚语、俗语等内容不宜过多，也不宜太少，否则将影响情景喜剧在教学中教学价值的发挥，不利于教学效果的提高。

第二，情景喜剧在道德伦理方面的教育意义。韩国情景喜剧所涉及的内容众多，其中部分剧集的内容会涉及暴力等方面的内容，存在伦理道德上的偏差。对此，教师需要在教学前对情景喜剧内容中的道德观和伦理认知进行严格的考察，确定其与教学的适用性。

第三，情景喜剧的内容是否遵循客观历史史实，是否涉及国际敏感话题。如果情景喜剧的剧情内容是以贬低某个国家或民族，或者是以社会敏感话题为中心而展开的，那么将这样的情景喜剧作为韩国语听力教学材料是不合适的。因此，就情景喜剧的题材方面来考虑，教师应尽量选择以年轻人婚恋或家庭成员相处为故事主要内容的情景喜剧，尽可能地不要碰触与民族或国际敏感话题有关的内容，对暴力场面进行严格的控制，进一步挖掘和发挥情景喜剧在文化教育上的价值和意义。

（三）情景喜剧在听力教学应用中的注意点

第一，教师应引导学生从听懂所有词汇的观念中走出来，指导学生抓住听力内容的关键信息。不少学生在听力的过程中对自己要求过高，希望掌握所有的对话内容，进而导致错过重要信息，反而抓不住说话者的真正意图，因此，教师应提前向学生强调听力中的重点和注意点。

第二，帮助学生确立听力学习动机。在听力教学过程中，教师应让学生了解和认识到听力训练的目的和内容，而不是让学生单方面地、被动地"听"，这样听力训练效果是很难得到提高的。

第三，教师应充分利用自身的非语言性表达，即利用表情、肢体语言等与学生做进一步的沟通和交流。资料所提供给学生的听觉和视觉刺激是有限的，为达到更好的教学效果，教师还应充分地利用好自身的肢体语言和表达语言，使教学变得更加充实。

第四，将任务型教学模式与听力教学相结合。根据实际生活设定听力学习的任务，促使学生将实际生活与课堂所学内容相结合。再通过听力辅助教材，促进任务型听力教学的完成。

第五，教师需要对学生的语言水平、兴趣爱好等情况有大致的了解和掌握，进而选取既有听力教学意义，又能够被学生所接受的韩国语听力材料，最终通过对这些材料的合理利用促进学生听力水平的提高。

五、韩国语听力教学中"学用一体，三段晋级"教学模式

传统韩国语教学模式更像是一种生产流程，先是学生听教师讲，然后教师基于教学内容对学生发问，学生结合所学内容回答教师的提问，最后提供答案。在这样的教学模式中，学生其实一直处于一种被动受教的地位。长此以往，不仅学生的学习兴趣降低，还会使得听力教学效果低下，削弱了韩国语的交际性。

"学用一体，三段晋级"的韩国语听力教学模式注重教学的实效性，强调学以致用，将韩国语听力课程分为"听—学""听—解""听—用"三个阶段。

作为语言教学中占据绝对分量的教学模式，"学用一体"作为语言教学体系先导性地存在于语言教学的每个环节，是一种以实用性为主的教学模式。

"学用一体"作为现代韩国语听力教学模式之一，其中的"学"指的是"听学"。它强调发音、词汇、短语、常用语、短句、长句等基本语言内容的听力学习。而所谓"用"，是指对所学知识的应用，简而言之，就是通过"听"来提高学生"说""读""写""译"等方面的语言技能。

"学用一体"就是将"学"和"用"进行统一，以学为基础，以用为目标，既是"学"的过程也是"用"的过程，进而促进听力技能与其他技能的统一。

1. "听—学"阶段

这是韩国语听力教学"三段晋级"的第一阶段，也是韩国语听力教学的基础阶段。这一阶段的学习主要是为了使学生习得基本的语言规律，通过勤听勤练的方式打牢语音基础，利用"听"的过程来促进"学"的发展。所以总的来说，这个阶段的教学除了要帮助学生进行知识的积累之外，还要引导学生树立"学用一体化"的思想，从而为之后的教学做好铺垫。

2. "听—解"阶段

这是韩国语听力教学"三段晋级"的第二阶段，也是技能培养阶段。这一阶段的听力教学主要是采用"精听精解"的方式来提升学生的韩国语听力技能，并通过听力训练的方式来带动其他语言技能的发展，因此，这一阶段的教学目的在于培养和提高学生的语言技能。鉴于此，该阶段的教学内容以"听—解"各种图片、对话、文章为主。学生除了要掌握基本的语法知识点、成语、谚语、常用语之外，还要掌握基本的韩国语听力技能。"听—解"阶段既是学生积累专业技能的阶段，也是拓宽学生知识面和视野的重要阶段，更是落实"学用一体"、借助听力技能提升其他语言技能的关键阶段。

3. "听—用"阶段

作为韩国语听力教学"三段晋级"的最后一个阶段，"听—用"阶段旨在通过"广听广用"的形式将由"听"所学到的内容转换到其他语言技能上，包括"说""读""写""译"等。"广听"的目的在于拓宽学生的知识面，让学生接触到更多实用的内容，从而以听促用。因而在这一阶段的听力教学中，学生应不拘一格，广泛地听取，媒体新闻、古典小说、童话故事、人物传记等均可作为听力训练的材料。在"听—用"阶段，学生应具备能够准确理解和描述所听内容的能力，将所听内容翻译出来，既要将"学用一体"的理念贯彻到底，又要进行知识和技能的延伸，实现综合性提高。

相比传统的韩国语教学模式，"学用一体，三段晋级"的韩国语听力教学模式给学生带来的教学更加全面、立体。首先，在该教学模式下，教学实现了"学"与"用"的统一；其次，"三段晋级"的教学模式将听力教学划分为三个阶段，并针对每个阶段设置出相应的教学目的、任务和要求，且阶段之间又存在紧密的关联；最后，"听—学""听—解""听—用"的三段教学既可以作用于整个学习过程，同时也有利于促进韩国语听力教学效果的提升，能够切实提高学生的听解能力，为立体化教学的形成提供重要的保障。

在"学用一体，三段晋级"的韩国语听力教学模式下，"学用一体"的教学理念贯穿教学的始终，而教学的每个阶段都有明确的教学目标。虽然在不同的阶段，其教学目标、任务和要求也会有所不同，但在大方向上保持基本一致的理念，将听力教学与其他语言技能教学相联系，以"听"为基础，推动"听""说""读""译"等技能的提高，进而促进学生韩国语语言技能的全面提高。

第二节　韩国语口语教学提升方法

一、学生方面的提升方法

（一）明确学习动机

众所周知，兴趣是学生学习的最大动力，韩国语的学习当然也不例外。因此，培养学生韩国语学习的欲望、制定合理的学习目标、提高学生的学习兴趣、明确学习动机（尤其是对部分缺乏韩国语学习动力的学生而言）显得十分重要。事实上，学习兴趣的培养和保持是一个长期的过程，因此，学生可以先从明确学习动机入手进行有效的韩国语学习。韩国语学习动机的明确是学生学习的最大推动力，是学生参与教学活动的动力所在，是教学活动顺利开展的必备条件，是学生积极进行学习的内驱力。它与学生学习的主动性直接挂钩，能够让学生在学习过程中保持积极、认真的状态；促进学生在学习时树立起明确的学习意识，提高学生对韩国语学习的重视程度，强化学生学习韩国语的欲望。

（二）端正学习态度

高校韩国语的学习需要学生端正自身的学习态度。不管是在学习方面还是生活方面，学生都要保持谦和的态度。部分学生不经常在日常生活中使用韩国语的原因是"没有说话的对手，害怕伤害别人的自尊心"。这个解释是出人意料的。就算这样回答的学生真的从未遇到过能与他水平相当的"对手"，其所表现出来的学习态度也不利于他日后的学习甚至是成长。因此，学生必须端正学习态度，以谦逊的态度学习韩国语。

韩国语的学习要制定详细的计划。高校学习的关键在于提高学生独立学习的能力。高校教师与高中教师存在很大的不同，他们不会带领学生反复地复习。大部分学生很少自主进行韩国语的学习，如每天进行韩国语的晨读、用韩国语与人沟通、阅读有关韩国语的书籍、听韩国语对话等。韩国语的学习是一个日积月累的过程，没有坚持不懈地付出，就算现在掌握得很好以后也难免会遗忘。因此，学生要根据自身的实际情况制定相应的学习计划和学习目标。

（三）完善学习方法，提高学习效率

大部分高校韩国语专业学生都存在不开口说韩国语的问题。如果想要培养学生的口语表达能力，就必须进行说话练习。然而简单的训练无法满足韩国语学习的需求，假如学生进行口语表达的过程中没有使用有效的学习手段，则不仅会浪费学生的时间，还无法取得良好的学习成效，口语表达能力也得不到有效提高。要切实提高学生的口语表达能力，就必须让学生充分接触韩国语，同时，学生还要完善学习方法，提高学习效率。通过对部分韩国语学习能力较强的学生的研究可以发现，以下几点能够有效地提高学生的口语表达能力。

1. 利用"听"的方式提高学生的口语表达能力

说话是建立在听懂的基础之上的，听明白了才能开口说话。立足于韩国语的教学经验，不难发现，如果一名学生没听懂韩国语，则其必然无法说出规范化的韩国语。听是开口说话的前提，听的教学要在说话之前进行。教师可以采取让学生听韩国语资料的方式，让学生认识并了解到规范的韩国语发音，打下扎实的基础之后，再培养学生的口语表达能力。利用听的方式，学生有足够的机会接触到韩国语，有利于加深学生对韩国语对话的理解，引导学生进行正确的韩国语口语表述，切实提高学生的口语表达能力。

根据学生自身情况，可以自主选择下面类型的听力材料。

a 类型：口语表达速度非常慢，发音十分标准的听力材料。此类听力材料的作用在于通过让学生跟读来规范他们的口语发音。通过对比材料中人物对话的标准发音，学生可以适当地改变自己的发音方式，刻意地进行模仿，促进自己的发音向规范化、标准化发展。

b 类型：口语的表达速度和词汇储备量都比自身口语的掌握程度强一点。对于此类听力材料，学生必须全神贯注才能听懂。利用这种类型的听力训练，有利于学生逐步提高自己的口语发音速度，增加韩国语词汇的储备量。同时，此类听力材料有助于学生了解韩国人的说话方式，弥补学生口语表述上的不足，切实提高学生的口语表达能力。

c 类型：语速较快、难度系数较高的听力材料。对于此类材料，哪怕学生全身心地投入听的过程也很难听懂。开展此类听力材料的训练关键在于让学生全面了解韩国语，理解口语表达时的注意事项，熟悉韩国人说话时的正常语速和声调。

另外，韩国语听力的训练不受时间、地域的限制，学生可以利用手机来收听材料，充分借助空闲时间来进行韩国语听力的练习。

2. 采取"读"的形式提高学生的口语表达能力

由于受到本国文化的影响，中国学生在使用韩国语表述时最先想到的是中文表达方式，然后再按照中文的顺序进行韩国语的表述，这是学生长期以来所养成的定性思维，短时间内很难改变。无法形成正确的韩国语思维则代表着无法熟练地使用韩国语，不利于学生快速进行韩国语的表述。而如何才能帮助学生形成良好的韩国语思维方式，这时就彰显出"读"的重要性了。"读"是韩国语学习过程中的重要组成部分，高校学生应当养成每天"读"的好习惯。阅读即学生通过自主浏览韩国语文章，以一种无声的方式进行阅读，有利于切实增加学生的韩国语词汇储备量，提高学生的口语表达能力。与此同时，朗读也是不可或缺的环节。在朗读韩国语时，学生要用标准化的发音，做到上下文语句的通顺、连续，最好不要出现过多的停顿；把握好句子的节奏感，要让听的人能听懂句子的含义而不是单纯地朗读韩国语单词；要注意朗读的声调，尽量能够大声朗读，这样才能便于教师判断学生的发音是否规范，促进学生韩国语的发音向规范化、标准化方向发展。

3. 通过"背"的途径提高学生的口语表达能力

通过"背"的途径有利于强化学生对韩国语的理解和认知，加深学生的印象，帮助学生养成较强的韩国语语感，并能够在日常的韩国语用语过程中有所体现，使学生养成良好的韩国语表达习惯。与此同时，学生在进行韩国语背诵的过程中，要注意文章中所使用的语句、单词和选择的文章结构，促使韩国语文章的背诵与文章内容形成有机的整体，扩大学生的韩国语词汇量，提高学生的韩国语表达能力，养成良好的韩国语思维习惯。另外，所选择的背诵文章最好是经典例文，对这些经典例文的背诵有助于学生学习到基本的韩国语表达知识，不断丰富自身的韩国语储备量。文章的背诵要建立在对文章了解的基础上，学生必须在背诵之前理解上下文的意思。韩国语文章的背诵目的在于帮助学生扩大词汇储备量，打下一定的韩国语学习基础。

4. 利用"写"的方式提高学生的口语表达能力

事实上，利用"写"的方式有利于学生增强对已经掌握的韩国语单词、文章的理解。在学生口语表达还未完全熟练时，能够引导学生理解文章的基本框架和写作思路，使学生选择恰当的单词进行表达等。

第一，经常练习韩国语文章的写作，会对学生韩国语表达思维的形成有一定的帮助，使学生形成个性化的韩国语表达风格，扩大学生的韩国语单词储备量。

第二，学生可以利用写韩国语日记的方法来进行韩国语文章的创作，将日常生活中所发生的事情用韩国语记录下来，坚持写下去，切忌中断写作。在进行韩国语日记写作的过程中，要减少使用普通单词的频率，尽量选择一些自己不经常使用的单词；要避免反复地记录同一事件，同时要体现出生动性、活泼性；要经常变换写作文章的结构框架，创作出更好的韩国语文章；要注意韩国人说话、写作的方式和顺序，尽量不要出现中国式的韩国语。

第三，在完成一篇文章的创作之后，学生可以自主进行朗读，通过朗读及时发现并纠正该文章的错误之处，加深学生的印象，提高学生的口语表达能力，有利于学生更好地进行韩国语的学习。

二、教师方面的提升方法

（一）打破传统教学模式

传统教学采取的是"传授+吸收"的基本模式，教师承担着传递知识的角色，学生只是一味地吸收知识，带有强烈的单向性。高校韩国语教学课堂通常是由学生在课前自主预习，再由教师在课堂上进行详细讲解，介绍作者的创作意图和文章的大体框架，通过对某一句型、语法、结构的具体讲解，进一步加深学生的理解。

在高校传统教学的过程中，教师与学生没有过多的沟通，使得学生只能机械化地接受知识，而不能掌握韩国语的精髓，由于缺少韩国语对话交流的平台，很难有效地提高学生的韩国语口语表达能力。学生的主体地位得不到有效保障，也就无法提高学生的创新意识和实践能力。

要想实施素质教学，切实提高学生的创新能力，就必须突破传统的教学模式，改进教学理念。素质教学的关键就在于充分重视学生的主体性，并落实到实际的教学过程中，充分体现对学生的尊重。事实上，尊重学生的尊严是突出学生主体地位的前提条件。在实际的韩国语教学课堂中，教师要善于把学生的主体地位和尊重学生尊严有机结合起来，以促进学生的个性化发展，帮助学生形成良好的思维习惯。为了体现学生学习的主体地位，可以为学生建立相应的交流平台，提供更多的机会让学生进行自主学习，给学生自主探索的空间。教师要帮助学生开拓发展空间，提供有效的学习平台。

（二）提高教师教学水平

对于一名合格的韩国语教师而言，必须对教学工作抱有高度的热情，并成为学生模仿、学习的榜样；必须具备一定的文化基础，有较高的专业素养；要有足够的能力开展韩国语教学活动，具备丰富的教学经验，有良好的组织能力和语言表达能力；要能够长时间地集中精力进行教学，具备丰富的想象力，能够很好地控制情绪，具有个人魅力。由此不难看出，高校韩国语教学需要强化教师的教学水平，不断提高教学质量。我们对提高教师的教学水平提出了几点建议，以期能够为高校韩国语教学的有效开展提供有力的帮助。

1. 出色地使用韩国语

高校韩国语教师首先具备的条件就是能够熟练地使用韩国语，并具备良好的听力、阅读、叙述能力。在进行高校韩国语教学的活动中，教师要尽可能多地使用韩国语，并把握好韩国语教学的难度系数。要想将学生的韩国语学习状态发展到一定的高度，教师的语言输入应当有所提高。高校韩国语教师是否能够出色地使用韩国语主要体现在以下四点。

第一，教师作为学生的模仿对象以及学习榜样对学生有十分重要的影响，学生对教师的模仿是有意识的同时也是无意识的。

第二，出色的语言能力有利于教师教学自信心的建立。韩国语教师教学的自信心对教学有正面的影响，同时还能赢得学生的尊重，得到学生的肯定。

第三，出色地使用韩国语能够提高教师的教学魅力，吸引学生的注意力，使学生变得更依赖教师，主动要求与教师进行课堂互动，并在教学过程中有积极的表现。

第四，良好的韩国语表达能力有利于教师创新教学方法，让教师有足够的能力掌控教学课堂。

2. 科学地阐述韩国语

事实上，只是擅长韩国语的使用对一名高校韩国语教师而言是远远不够的。高校韩国语教师必须有足够的能力来阐述韩国语以帮助学生理解韩国语。在开展韩国语课堂教学中，教师要向学生全面分析韩国语的语法、句型和文章结构。在学生提出问题时，教师要能够给予学生详细的解答。例如，在学生提问"为什么这样使用"时，教师如果解释为"这是一个固定句型""这样表达较为准确"是很难让学生理解并信服的。面对这种情况时，为了帮助学生全面了解韩国语，教师可以先向学生分析句型，再引申到短语用法上进行讲解。要科学合理地进行韩国语的阐述，促使学生透过表面现象看到韩国语学习的本质。

3. 灵活使用各种教学手段

高校韩国语教学的重心要放在提高学生的韩国语表达能力上，这项工作能否取得成功不仅在于教师的韩国语知识的储备量，还在于教师所采用的教学手段是否有效。换言之，在实际的教学过程中，教师要想激发学生的学习兴趣，提高学生的阅读、表达能力，就必须采用有效的教学手段。立足于整个韩国语教学的发展历史来看，韩国语的教学手段有很多，诸如交际法、听力法等。韩国语的学习难度系数较高，每节课的教学内容、教学计划都不同，要想达到最佳的教学效果，韩国语教师应该立足于本节课的教学内容选择有效的教学手段，进行相应的教学，切实提高课堂教学的质量。

4. 优越的教学技巧

（1）形成和谐的师生关系。在实际的高校课堂教学中，师生关系是否融洽对教学效率有着十分重要的影响。从本质上来说，韩国语的教学是教师与学生之间进行交流对话的一项活动。因此，教师需要在教学过程中体现出对学生的充分尊重，保持良好的教学态度，营造有趣、生动、活泼的教学课堂，避免学生出现抵触学习韩国语的心理，促进学生积极主动地加入韩国语学习的过程中。与此同时，教师要将真挚的情感投入教学中，用饱含情感的声调进行韩国语的朗诵以获得学生的认可，引起学生的共鸣。教师还应当关注每一位学生，微笑着面对学生，赢得学生好感。在学生回答或提出问题时，教师要面带微笑认真聆听学生的答案或疑惑，并详细补充学生的答案或为学生进行详细的解答，使学生感受到教师的关爱。

另外，成就感也是韩国语教学的关键所在。教师应尽量减少对学生的正面批评，而是采取委婉含蓄的方式指出学生的不足或是发现学生的优点并给以相应的赞美和鼓励，以激发学生的成就感，这有利于构建良好的师生关系。成就感能够激发学生的学习兴趣，提高学生学习的自信心，成为学生自主学习的内驱力，这对提高韩国语口语教学的质量具有十分重要的影响。

（2）通过丰富的口语教学活动，为学生提供学习机会。韩国语口语表达能力并不是简单靠教师传授就能提高的，而是需要学生在实际的教学活动中多加练习。在韩国语教学研究者看来，如果缺乏合适的教学环境，学生的口语表达能力就会受到课堂交流平台的影响，而课堂交流平台则受到课堂教学方法和形式的影响。由此可以看出，教师可以通过开展丰富的口语教学活动的形式为学生提供学习的机会，切实提高学生的口语表达能力。

（3）课前报告。这是韩国语教学课堂常见的一种形式，在教学课堂正式开展之前，教师指定两名学生走上讲台进行韩国语报告。课前报告的内容由学生自主选择，既可以是学习过程中发生的趣事，也可以是日常生活中的小事，还可以运用韩国语来讲小故事。

（4）新闻报道。新闻报道是指学生通过韩国语学习网站或韩国语报纸找到自己感兴趣的话题，以新闻报道的形式与全班同学分享并讨论。在进行新闻报道的过程中，学生可以自主进行报道，也就是由学生个人整理出新闻报道的材料，总结出自己的观点并与其他同学共享。同时，新闻报道还可以模拟真实的场景，让学生充当记者的角色去采访另一位学生。通过这样的方式，可以充分调动全班同学参与到课堂教学中的积极性，营造生动活泼的课堂氛围，大大提高了韩国语课堂的教学质量。

（5）情景表演。情景表演，就是将教学课堂布置成生活中的某一真实情景，如公园、操场、图书馆等，引导学生在模拟情景中进行人物的对话。在正式进行情景表演之前，教师应当指引学生理清对话的思路，但也不能给予他们太多的提醒，否则会影响学生的自由发挥。同时，教师要多加引导学生投入真实的情感并尽量使用肢体动作来营造真实的活动情景，使得活动的开展更具有真实性。情景表演最大限度地调动了学生学习的积极性，利用情景开展的人物对话和表演有利于提高学生处理真实情况的能力。

（6）猜物比赛。顾名思义，猜物比赛就是让一名学生利用韩国语对物品进行描述或概括，再让另一名学生猜测，以组为单位，猜出最多正确答案的一组即为获胜。事实上，猜物比赛在很多综艺节目、娱乐节目上很常见，但很少出现在课堂上。猜物比赛所体现出的娱乐性有利于营造积极有趣的教学课堂，培养学生的团队合作意识，切实提高学生的口语表达能力。

（7）看图讲故事。看图讲故事即给学生一幅漫画，鼓励学生发挥想象力编出一个小故事，并能够在讲台上用韩国语讲出来，与其他同学分享。漫画的形式是不固定的，学生可以自主选择所要描述的漫画，还可以相互间进行交流。这有利于充分调动学生参与课堂的积极性，增强学生开口说韩国语的欲望，切实提高课堂教学的质量。

（8）立足于教材的口语练习。在韩国语教学课堂中，教师要充分利用教材内容进行有效的口语练习。众所周知，教材是由许多韩国语研究者和教学专家共同制定的，是精心编制的内容。在教师完成这节课的教学目标之后，如果所讲课文的故事情节较强，那么教师可以引导学生进行角色表演。每一名学生的思考方式不同，看待事物的角度也不同，因此关于部分话题讨论性较强的文章，教师可以通过组织活动的形式让学生说出自己的看法并加以讨论。通过这样的教学方法，不仅能拓展学生的知识面，培养学生的想象力，还能够实现提高学生口语表达能力的目标，同时又与韩国语的教学理念相一致，起到了事半功倍的效果。事实上，这样的教学方式还有很多，教师可以根据本节课的教学内容或学生的爱好来筛选出合适的教学活动，以进一步提高学生的口语表达能力。另外，教师还可以鼓励学生根据教材内容进行课后的学习。

三、学校方面的提升方法

（一）改善教学环境与条件

想要改善教学环境与条件，学校就要建立健全相关制度并提供充足的资金保障。建议从以下几个方面入手来改善教学环境和条件。

1. 改善设施

韩国语教学的质量和高校教学设施有着十分密切的联系，关系到能否有效地提高学生的韩国语表达能力。为了能够切实提高学生的口语表达能力，提高高校韩国语教学的质量，高校应尽量将资金投入这部分的工作中来。计算机、多媒体设施等都是韩国语课堂教学中的重要教学设施，尽管部分高校不能做到每间教室都配有这些设施，但高校要能够保证教师在需要这些设施时能够用到。

2. 分层次教学，小班授课

韩国语的教学要承认差异性，鼓励学生的个性化发展，牢牢把握因材施教的教学理念，让每一位学生都能在最适合的学习环境中得到更好的发展。高校大学生来自不同地区，受到多方面因素的影响，导致他们的韩国语水平各不相同。我们要最大限度地降低这种差异性，全面提高学生的韩国语学习能力特别是口语表达能力。

3. 外教授课

外教授课作为改善教学环境和条件的重要一环，能够直接对学生进行文化熏陶，并与学生进行真实的口语对话。同时，学生还能够直接向教师了解并学习真实的韩国语说话方式，这是外教授课最显著的优点之一。因此，在条件允许的情况下，高校应当聘请外教授课或者定期邀请韩国语研究专家来校演讲，解答学生的问题。另外，高校要充分重视对外籍教师的选择，避免聘请到说话有地方口音的外籍教师。

（二）重视教师素质

科学技术的发展、知识的更新换代，使得每位学生在已有知识方面都显得有所欠缺。联合国教科文组织提出"终身学习"的概念，同时指明终身学习是 21 世纪发展和前进的关键。社会所需要的新世纪人才必须具备终身学习的意识，而作为人才的培养者——教师也应当具备这一能力。高校要采取相关措

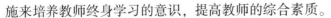

施来培养教师终身学习的意识，提高教师的综合素质。

1. 软策略

高校要积极组织教师活动，定期开展培训课程。培训有两种形式，一是短期培训，二是长期培训。短期培训是对教师某一方面知识或教学技能的集中训练。在短期培训的过程中，高校可以邀请韩国语研究专家来校开展座谈会，加强与本校教师在学术上的交流，切实提高本校教师的文化素质。长期培训则重视教师的教学能力和实施能力的培养。在训练的过程中，教师要重新梳理已有的知识，学习新的知识。同时，还要重视教师语言技能的学习，切实提高教师的教学素质。

2. 硬策略

为了对教师进行有效的监督，定期考察十分必要。根据考察结果，高校能够深入了解每位韩国语教师的教学效果，发现教师在教学中存在的缺陷，并有针对性地开展训练活动。同时，高校要重视教师的教学进度，重视学生对教师教学提出的意见和建议。

（三）设置适当的教学目标

1. 重视基础，突出专业

高校要对韩国语教学进行系统化、规范化的筹备：大学一年级着眼于韩国语发音、语调等基本训练，培养学生独立学习韩国语的良好习惯；二年级时重点进行韩国语听力、日常交际、语言表达方面的练习；三年级着眼于学生韩国语交际能力的培养；四年级时学生已经具备一定的韩国语知识基础，可以通过开展韩国语交流讨论会、辩论赛的形式，突出专业性，进一步提高学生的韩国语口语表达能力。

2. 注重实用性

高校应当从帮助学生就业、促进学生发展成为社会所需要的人才等方面开设相关的选修课程，并注重实用性。高校开设的选修课要具有一定的实际价值，让学生能够学到实质性的东西。高校要立足于用人单位对韩国语方面的需求以及学生个人的兴趣爱好，开设有利于提高韩国语口语表达能力、说话技巧等方面的相关课程，并选择有丰富教学经验的教师进行授课，使学生真正学到有实用价值的知识。

（四）开展多样化的学习活动

想要切实提高韩国语口语表达能力，高校就要为学生提供更多的学习机会。例如，可以建立专门的韩国语学习俱乐部来负责这些学习活动的举办。学习活动的种类有很多，如韩国语学习角、韩国语交流会等。

（五）改进评价机制

大多数教师认为学生的韩国语考试成绩要包含口语成绩，同时，融入韩国语口语的测试有利于教师更加直观地了解学生的韩国语掌握程度。因此，部分还未将口语成绩融入学生测试中的高校应当改进评价机制，体现口语的重要性。已经将口语成绩融入学生测试中的高校主要采取的评价机制是考查学生课堂表现情况，或是由学生自行录制韩国语口语表述的光盘，或是在期末考核时进行口语测试。很显然，这些评价机制还存在不足之处，需要改进的地方还有很多。高校领导和韩国语教师要着力于评价机制的研究工作，制定出规范化、科学化、合理化的评价机制，既要能够体现学生韩国语口语学习的结果，还要能够促进学生口语技能的提升，切实提高学生的韩国语口语表达能力。

（六）构建跨文化语境

韩国语口语的教学要立足于韩国文化，并在此基础上开展实际的教学活动。韩国语学习过程中所遇到的最大阻碍就是韩国文化和中国文化的不同，韩国文化有强烈的地域特征和民族风格，同时也是目前韩国语教师必须重视的问题。在现阶段的韩国语教学专家看来，韩国语语境可以分为三个方面，包含了宏观应用到微观的表现、全文连接的语境和情境创设语境。文化语境主要体现在第一部分的语境中，在开展韩国语对话沟通的过程中，要求能够充分考虑韩国文化对韩国语对话沟通的影响，同时它也是培养学生韩国语口语能力的重要保障，这也是目前高校韩国语教学的重要研究对象，有实际的指导意义。因此，韩国文化语境的构建对韩国语口语教学的发展具有十分重要的促进作用，有利于提高韩国语口语教学的质量，帮助学生更好地学习韩国语口语技能。

第三节　韩国语阅读教学提升方法

一、韩国语泛读课程

韩国语泛读课程是与韩国语精读课程相对而言的，两者互为补充，韩国语泛读课程也是韩国语专业的重要课程之一。区别于精读课程以语法、词汇辨析为主的讲授特点，泛读课程教学更侧重于学生阅读质量和效果的提高，希望借此来拓展学生的知识面。泛读可以帮助学生获取更多的知识，促进学生学习能力的进一步提高，然而在现实中，大多数人仅将泛读作为精读的陪衬，忽视了其在语言教学中的重要性。

（一）泛读的概念和重要性

早在 20 世纪之初，阅读法就被语言教育学家视为第二语言教学法的基本理念，同时"精读"和"泛读"这两种阅读概念也由此提出。泛读是指一种大量的、广泛的阅读方法。从语言知识和语言技能的获取和提高方面来讲，泛读在帮助学生巩固所学的同时，可以增加学生的词汇量，提高学生的写作能力；而从阅读情感培养和促进方面来讲，泛读可以为学生学习语言提供更多的接触机会，使学生的阅读情感更加丰沛，阅读兴趣更加浓厚，在阅读中愈发自信，从而使得学生综合语言能力有所提高。总而言之，泛读的作用就在于它可以帮助外语语言水平处于中、上等的学生更好地学习外语，牢固掌握外语语言的运用技能。

（二）韩国语泛读教学的实践研究

鉴于以上的论述内容，如何进行韩国语泛读训练将成为韩国语教学实践中亟待解决的问题之一。基于对国内外泛读研究现状的探索和总结可知，泛读教学实践研究以课程设置研究、泛读教材与课外读物的编写研究以及泛读教学的实施与监控研究为内容基础构建而成。

1. 课程设置研究

泛读教学具有重要的教育意义，但在实际教学中却处于被忽略的位置。国内高校韩国语专业的韩国语泛读课程多数是在二、三年级才有，且一般为期两个学期，每周仅安排 2 个课时。另外，国内韩国语泛读的教材在编撰和选用方面比较随意，教学方法相对滞后，教学效果不甚理想，学生对教学的满意度一般。从课程设置的角度而言，精读课程的地位明显高于泛读课程，这在一定程度上抑制了泛读课程的发展。

2. 韩国语泛读教材与课外读物的编写研究

当前，人们对泛读的阅读模式已达成共识，即秉持自由自愿的原则；泛读应该是享受的，能够使人身心愉悦的；泛读的材料应是广泛而又具有趣味性，所以在泛读材料中不应有过多的生词。目前，我国对韩国语泛读教材或课外读物的编写还处于起步阶段，在内容的选择和学习环节的设计上还存在诸多有待改进的地方。

3. 韩国语泛读教学的实施与监控研究

教师作为教学中的主导者，应在泛读教学中充分发挥其主导作用，向学生示范身为读者应怎样泛读。基于泛读的特殊性，如果将以"教""学"为主的课堂教学称之为"小课堂"，那么课堂教学外的业余时间即可称之为"大课堂"。而如何充分利用好"大课堂"进行更广泛的阅读是学者们研究的重点。"小课堂"在学生的泛读教学中仅是起画龙点睛的作用，旨在指导学生大体的阅读方向和方式，如果仅靠"小课堂"的学习来提高学生的阅读水平是远远不够的，"大课堂"的铺垫也尤为重要。鉴于此，在"大课堂"的泛读实践中，应强调以下几个注意事项：其一，应充分考虑学生的阅读兴趣，选择通俗易懂的泛读材料；其二，泛读材料不应局限于某个领域，而应广泛取材，促使学生多角度、多样化地进行泛读；其三，尊重学生对泛读内容的选择，强调学生的自主性；其四，鼓励学生进行大量的广泛阅读；其五，引导学生形成良好的阅读理念，使学生在泛读获取知识的同时享受阅读带来的乐趣；其六，教师应明确泛读的目的和意义，在学生泛读之后不应再布置读后练习。此外，鉴于泛读的特殊性，学生的泛读最好是在一个相对安静的环境下由学生个人独立完成，这样泛读的效果会更佳。

4. 泛读教学新模式——"课堂图书馆"

我国韩国语教学的发展时间不长，教学的很多经验均是向其他外语语种的教学模式借鉴而来。就泛读教学而言，借鉴了英语泛读教学所采取的"课堂图书馆"的新型教学模式，即赋予课堂教学图书馆的功能，方便学生就近阅读。且相比普通的学校图书馆而言，这种"课堂图书馆"小而灵活，根据每个自然教学班学生的兴趣、年龄、水平、知识结构来收集书籍，学生在借阅、使用时更加方便，书籍的使用效率也大大提高。另外，在"课堂图书馆"中，阅读材料难易水平的控制均是基于教师对学生的了解而统一布置的，这种系统化的把控为优质的阅读奠定基础。

综上所述，韩国语泛读教学是韩国语教学中不可缺少的一部分，是中等水平韩国语学生提升阅读能力和综合运用能力的重要途径。因而，在韩国语教学中，教师一方面应突出泛读教学的重要性；另一方面要对泛读教学实践做进一步的探索和创新，吸取更多的先进教学经验，将韩国语泛读教学引向更科学的道路。

二、韩国语精读课程

从教学方法角度分析，韩国语精读课程的讲授需要从学生实际的学习需求出发，依据学生在学习风格和学习方法方面存在的差异，提高教学模式设计的有效性，教师在选择教学方法时也不应局限于某种教学方法，而是应该通过各种教学方法的整合达到最终的教学目标。教师通过对学生韩国语学习积极性的调动，达到优化课堂教学环境、提高教学效果的课程教学目的，有利于高校韩国语专业教学渗透力的强化。

作为一门综合性课程，韩国语精读课教学在语言基础知识讲授方面涉及词汇、语音和语法等诸多内容，除了写作训练、翻译训练和阅读训练的相关内容外，语言技能方面还包括韩国语会话训练的内容。以往韩国语精读课教学的实施一般沿用传统教学模式，通过反复领读的方式完成韩国语发音的讲解，而词汇讲解则是从相近的汉语意思出发，通过同义词和反义词的讲解，梳理韩国语词汇，语法讲解也是对应相关的汉语含义，并借助例句反复锤炼韩国语的语法，至于课文讲解则是通过学生读课文和领读课文的方式，进而过渡至韩国语课文的翻译教学。从具体的教学步骤分析，尽管教学方法具有实用性特征，然而传统教学方法的沿用也不免使得整个教学过程显得过于简单和乏味。在固定的教学模式制约下，传统的韩国语教学难以满足学生的实际听课需求，这就需要教师对韩国语教学方法进行革新以实现预期教学目标。

三、韩国文学课程

语言与文化之间有着十分紧密的联系。掌握作为文化载体的韩国语是真正理解韩国文化的基础，而学习韩国文化也可以为学习韩国语提供诸多方便。当学生对韩国历史、文化、传统、习俗以及生活方式和生活细节了解得越深、越细致，其韩国语的使用和理解能力就会越强。目前的韩国文化教学多是依托一些优秀的韩国文学作品来完成，通过文学作品将文化教学与语言教学有机地结合在一起。文学作品中所反映出来的强烈的语言因素为培养韩国语学生形成较高的韩国语语言构思能力提供了宝贵的机会。

在学习韩国语的过程中，如何正确解读文学作品中的文字，是学生需要解决的问题，因为学生对文学作品的阅读能力有限，只有弄懂了文字的意思，才能对其文学意义进行有效解读。而要想真正吃透文学作品的内涵，仅是熟悉其中的语言信息是不够的，还要了解文学作品的文化。对于学生而言，学习文学作品既有助于增强其语言能力，又有助于提高其文学素养。因而，从总体上来讲，将文学作品运用到韩国语教学中，可以促进以下三种教学目标的实现。第一，有助于韩国语学生牢固掌握基本的文化知识，尤其是词汇构成方面的知识。第二，可以提高韩国语学生的阅读能力。第三，可以促进韩国语文化教学与语言教学的结合，拓展韩国语学生的学习面，促进其对韩国语文学的了解。

纵观韩国文学作品，其内容较为广泛，其中具有韩国语教学价值的不在少数，但是多数文学作品的教学重点多集中在语言教学上，教学多是以词汇解析、单词填写、听写练习等语言方面的教学为主，对文化理解教学方面涉及较少。对于学习韩国语的学生而言，理解韩国人的生活习惯，形成韩国人的思维

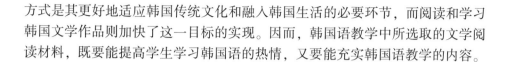

方式是其更好地适应韩国传统文化和融入韩国生活的必要环节，而阅读和学习韩国文学作品则加快了这一目标的实现。因而，韩国语教学中所选取的文学阅读材料，既要能提高学生学习韩国语的热情，又要能充实韩国语教学的内容。

第四节　韩国语写作教学提升方法

一、对于教师而言的有效策略

（一）教师应当提高韩国语写作知识讲授的系统性

高校韩国语专业写作教学实效性的提高需要教师从思想意识上积极转变传统观念，从根本上突出韩国语写作课教学的重要性。从课程教学研究出发，在有机结合五项（听、说、读、写、译）基本技能的基础上提高写作教学方法选择的实用性与先进性。

（二）在网络技术的辅助下实施韩国语写作教学

计算机网络辅助教学作为一种新的韩国语教学手段，已在高校韩国语专业教学中得到落实。从学生实际学习需求出发，教师在教学活动设计方面可借助多媒体技术，突出写作内容的生动和形象，并以此为基础实施有效的韩国语写作训练。除此之外，学生也可借助互联网完成相关写作资料的收集，并借助电子邮件等网络媒体及时与教师进行语言沟通，这对于韩国语写作问题的纠正以及学生写作思维的活跃程度有着积极影响。可见，韩国语写作教学中网络和计算机技术的引入不仅改善了原有的写作教学的尴尬局面，还在很大程度上提高了写作教学的趣味性，更有利于实现韩国语专业教学的目标。

（三）突出韩国语写作过程指导的必要性

行为主义理论是写作教学的重要理论基础，结果教学法在写作中的融合则主要体现在学生的"写"与教师的"评"相结合，通过单向交流的方式实施写作教学。然而，这一教学过程中学生的写作初稿即为学生的写作成稿，其难以从教师的评改中获得启发，这就体现了对学生写作过程进行指导的必要性。相较于传统写作教学方法而言，过程写作法的出发点在于写作过程，实际的写作过程也是教师教学的核心，这对于写作教学效果的提升大有裨益。

过程写作法在韩国语教学中的实施可分为写作之间的准备工作、初稿写作、写作修改、写作评改等阶段。在写作的准备阶段，学生在理解写作要求后可完成相关写作资料的搜集以及写作提纲的拟写。写作的初稿完成阶段教师不应过多关注学生语言形式或是语言组织中存在的问题，而应重点分析学生的写作思路是否存在问题。针对写作初稿的审查，教师可提出学生在韩国语写作中的优点及不足，并给出参考建议。

（四）教师写作评改方法的改进

文章评改是高校韩国语写作教学的重要环节之一，这既是对教师自身教学能力的考查，同时也是衡量学生写作成败的重要依据，合理有效的评改过程有利于学生整体写作水平的提高。因此，教师在对学生文章进行评改时不仅要考虑学生的成稿是否与写作要求相符合，同时还应当对其语言组织与写作结构进行审查，纠正学生写作过程中的语法形式错误。但这样的评改过程对于教师而言是庞大的工作量。

针对存在的问题，教师应该革新在韩国语写作评改中的方法，提高写作评改效率。例如，采用抽查的方式对学生文章进行详细纠正与评改，提出学生在写作过程中存在的优势与不足，实现以点带面的评改效果。与此同时，批改符号的设计也是行之有效的写作评改方法之一。批改符号的设计有助于学生自我写作纠错能力的提升，且能够以此为依据实现自我评改。这不仅保证了写作评改的质量，还能够使学生在互评和互改的过程中加深对韩国语知识的理解。此外，学生在修改自己的文章时可能不容易发现错误，这时借助互改途径可及时发现写作中的错误，这对于高校韩国语专业学生写作水平的提升有积极的促进作用。

（五）提高应用文写作文体及格式表达的规范性

教师在写作教学中应该注重学生应用文写作能力的培养，其中会涉及工作的日常安排、求职信、致歉信以及感谢信的写作等，借助有效的写作训练切实促进学生应用文写作能力的提高。与此同时，教师还应该注重对格式和文体的规范性指导，明确书写的基本要求，纠正学生在写作中存在的错误，这对于韩国语专业学生行为规范以及写作习惯的培养至关重要。

（六）在循序渐进原则指导下体现教学内容的充实

写作教学在以往韩国语专业教学中的实施突出了对韩国语句法、语法及词汇等方面的指导，教学步骤通常是教师命题后学生完成写作，最后由教师对文章进行评改。这一教学模式使学生的写作过程显得过于孤立，忽略了对写作过程和写作内容的指导。

教师在写作教学中不应忽略对写作过程的指导。教师应将写作视为教学的重要过程，并积极营造乐学和好学的写作气氛。技能教学在写作教学中的体现也不可忽视，通过实例教学指导学生写作，并以学生实际学习情况为依据控制教学进度，这对于学生写作技能的提升尤为重要。

（七）写作评讲技巧的掌握

作为韩国语写作教学的重要组成部分之一，教师的评讲环节也至关重要，这是对学生写作信息的及时反馈过程。肯定为主、纠正为辅是教师进行写作批改时所坚持的基本原则。恰当的评价机制更有利于学生写作积极性的提高。学生在写作过程中出现的语法或词汇错误可采用个别辅导的方式，严格控制错误率，这也是保护学生写作信心的重要方面。不可否认，大多数学生在韩国语书面表达能力方面较为欠缺，这与教师的教学方法有着密切关系。在作文批改这一重要环节教师应当重视过程性批改的重要性，在培养学生良好写作习惯的同时也要形成必要的写作规律，强化韩国语各种文体的写作训练。

二、对于学生而言的有效策略

（一）韩国语基础知识的巩固

第一，重视常用词汇和短语的积累。词汇的丰富与否直接关系着写作的成败，缺少必要的词汇量累积会使学生感到无从下笔，并且写出来的语句也经常前后不通、思维混乱，显得没有条理。以韩国语精读课教学为例，由于教材内容的选择大多来自名家之作，因此在文章中可以发现精彩词汇或语句，它们的出现使得整篇文章更加生动。学生可对其中的精彩词汇或语句进行摘抄，通过这样的方式积累写作素材，并熟读成诵，在自己的写作过程中灵活使用这些精彩词汇与短句。

第二，重视对语法知识的巩固。句子是韩国语写作教学中的另外一个构成要素，因此在实际教学过程中教师需要针对韩国语和汉语这两种语言进行有意识的对比，明确二者在语法结构方面存在的差异，针对其中一些特殊的结构或句型，不断完善课堂教学活动的设计。这既是促进学生韩国语良好写作思维形成的有效途径，同时对于学生韩国语写作语感的增强以及对母语干扰的克服都有积极影响。在熟练掌握韩国语写作句型的基础上，学生还应做到触类旁通和举一反三，通过对各种句型的正确使用使得自身写作与韩国语表达的习惯及规则相符合。

第三，重视平时阅读量的积累。大量阅读是提高写作水平的关键，通过限时阅读训练和广泛阅读来增加写作素材积累，对于学生书面信息吸收能力的提高以及写作技能的完善有着积极的促进意义。除此之外，阅读量的积累有利于丰富学生的知识，使其了解与韩国语学习相关的文化背景。从写作教学的实践过程不难分析，高校韩国语专业教学尤其需要重视拓宽学生的阅读面，只有切实加大语言实践量，才能有效提高学生的写作表达能力。

（二）在兴趣激发的基础上勤于练习

学生韩国语写作水平难以得到提升，原因在于学生缺乏写作信心，加之写作基本功不够扎实，使学生在写作过程中束缚了写作思维，影响自身水平的发挥。这就需要学生从自信心的增强入手，积极积累写作经验，促进自我语言表达能力的提升。练习是语言训练不可缺少的组成部分，高校学生在写作练习时可采用自由写作的形式训练写作思维，在由简到繁的过程中积累写作经验。

（三）加强韩国语思维训练的同时排除母语思维的干扰

作为语言思维表达的重要形式，写作教学过程不仅与民族文化特征有着密切联系，而且是对韩国语和汉语语言特点的概括，教学难度可想而知。这就需要教师从韩国语语言思维训练入手，在不断提高学生自我语言功底的同时也应该注重对思维的切换，排除母语思维在韩国语写作过程中造成的干扰。在平时的写作练习中，学生应重视对韩国语近义词的深层辨析，明确二者在表达方式、思维模式以及篇章组织方面的异同。

（四）借助背诵、模仿、阅读等方式进一步扩充写作表达方式

词汇量不足是学生韩国语写作中较为突出的问题，这主要是因为学生在平时的学习中忽视了对韩国语词汇量的累积，这就要求学生除了学习课本中的词汇外，还要借助课外阅读来扩充词汇量。在阅读中学生应当加强对常用词汇的记忆，比如相关的韩国语反义词、近义词或固定的习语搭配等，这些都是扩充词汇量的有效途径。与此同时，在阅读过程中，学生还应该加深对词汇句型以及句式结构的理解，通过对典型句型的总结和精彩段落的背诵，形成良好的韩国语写作语感。

此外，范文的背诵以及句式结构的模仿也有利于提升学生的韩国语写作技能。学生可依据不同的主题及体裁等对范文进行整理，积累并背诵其中的优秀段落，这样可以为日后的写作积累素材。

（五）借助说写转换方式强化口头表达能力

说写转换方式的应用，可以提高学生的写作技能。口头表达与写作能力之间有着紧密联系，这就需要教师为学生营造良好的教学氛围，并鼓励学生敢于通过口头语言表达心中所想。除此之外，教师还应该重视发挥第二课堂的作用，如韩国语角、韩国语演讲等，这些活动的开展既是对学生口头表达能力的训练，同时还有利于提高学生的写作能力。

第五节　韩国语翻译教学提升方法

一、韩国语翻译教学模式

（一）课内互动

课内互动由课前准备和正式上课两个部分组成。课前准备是指在上课之前，教师先与学生进行对话沟通，掌握学生的学习进度，再根据实际的翻译教学案例，将复杂难懂的翻译理论简单化，增强学生韩国语翻译学习的自信心，为学生日后的韩国语学习打下扎实的基础。在教学过程中，教师可以采用讨论教学法和引导式教学法，改变传统的韩国语翻译教学课堂模式，引入热点话题，不断激发学生韩国语翻译学习的兴趣。这样，既能够为教师和学生提供足够的互动机会，同时还有利于学生之间的沟通。

（二）课外互动

课外互动也是由课前互动和课后互动两个部分构成。课前互动指的是教师先把下节课要讲授的关键内容传达给学生，并提出相关要求。教师要求学生自主搜集有关的学习材料，并以小组的形式进行课前探讨，归纳出无法解决的问题，以表格的形式呈递给教师，让教师能够有针对性地进行韩国语翻译教学。课后互动是指在课堂教学结束之后，学生将课堂所写的翻译文本交给教师，供教师批改。文本涵盖了翻译学习中新的翻译技巧、翻译语句探讨等方面的内容。通过教师和学生的交流互动，学生可以对韩国语的翻译方法进行总结，教师可以更深入地了解学生的学习进度，不断调整自己的教学进度，进而不断提高韩国语翻译教学的实效性。

（三）互动评估

教学评估是韩国语翻译教学中的重要组成部分，根据评估结果能够具体了解学生近期的学习情况，及时改变教学方法，切实提高课堂教学效率。

1. 作业互评

韩国语翻译作业的互评需要学生在其他同学的作业本上写下修改意见，方便教师评改。通过这样的作业互动评估方式，教师不仅能够了解该学生的学习进度，还能够了解修改该作业的学生的文本阅读能力和评判能力，有利于纠正学生在韩国语翻译中存在的问题，帮助学生养成良好的韩国语翻译习惯。

2. 课堂表现评分

课堂表现评分的主体是教师和学生。其中，学生评分分为学生自评和他评两种。在课堂表现评分的结果中去掉一个最高分和一个最低分，计算得出平均成绩作为最后的评分。课堂表现评分的比例则分为：课堂教学内容占50%、逻辑思维占20%、应变能力占20%、阅读表述占10%。

二、韩国语翻译课堂中讨论式教学法的实践

第一，在韩国语翻译教学过程中，实施讨论式教学法的前提条件是学生能够独立思考。例如，在韩国语称呼的翻译过程中，很多都是对官职、姓名等的翻译，而这些内容在韩国的新闻报道中经常见到。教师可以鼓励学生收看韩国新闻，引导学生学习韩国人的称呼。教师的从旁指导、课堂上的互动交流，都可以进一步提高学生韩国语翻译能力。

第二，在高校韩国语翻译教学的过程中，教师可以根据教学内容设计出相关的教学情境，以此来引导学生，培养学生独立思考、自主学习的意识。在翻译课堂正式开始之前，教师先不要急于将基础理论知识和翻译技巧传授给学生，而是要根据学生的爱好兴趣，结合本节课的教学内容，创建合适的教学情境，鼓励学生在实际教学活动中发现翻译技巧，从而使得韩国语翻译教学更加生动和直观，达到激发学生学习兴趣的目标。例如，教师可以创设韩国语商务会议、会客等情境，使学生在模拟情境中进行韩国语翻译技巧的学习，提高自身的韩国语翻译能力和随机应变的能力。

第三，教师要重视与学生之间的互动，进行师生间的沟通和对话。一方面，教师在正式上课之前与学生进行互动对话，可将课堂中涉及的知识提前告诉学生，要求学生独立探究并收集相关的资料，提出问题；另一方面，教师可以在教学过程中解答学生的困惑，按照相关的翻译策略开展讨论活动，促进学生更好地进行韩国语学习。这种互动教学法有利于教师及时、准确地了解学生

近期的学习进度，调整并逐渐完善教学方法和教学计划，切实提高学生的韩国语翻译能力。

第四，根据高校韩国语翻译教学课堂的特征，教师必须改变传统的测评方式，不再简单地以测试成绩作为最终的考核结果，而是要融入学生平时的作业等级、课堂上的表现等，这样才可以促进学生全方位的发展，为学生日后的工作打下扎实的基础。

三、提高韩国语专业翻译教学实践能力的培养价值

目前，不管是对于教科书的选择，还是对教学理念、教学方法的使用，韩国语翻译教学并没有凸显出培养学生实践能力的目标。为了更好地体现翻译教学的价值，教师应该做好以下几个方面。

（一）丰富教材内容

韩国语翻译教学要求在坚持以教科书为本的基础之上，融入当今社会的热点话题，不断丰富教材内容。教师可以搜集相关的视频供学生观看，让学生接触标准的韩国语发音，并从字幕翻译上学习相关的翻译技巧。同时，教师还应将韩国文化融入当今的韩国语翻译教学中，阐述韩国语翻译的技巧，并进行相应的归纳和概括。另外，教师还应把平时的翻译情境与教科书有机结合，以此来作为学生课后训练的主要途径，这样有利于进一步加深学生对"实践性"教学的理解，实现提高学生实践能力的目标。

（二）引用科学性的教学模式

过去，高校韩国语翻译课堂中留给学生自主翻译训练的时间很少，导致学生无法在课堂上提高自身的实践能力，而科学性教学模式的融入能够有效地改善这一点。因此，教师可以采取"第二课堂教学"的模式，进行课外知识的延伸，如组织韩国语翻译技能大赛、开展韩国语翻译志愿者活动等，通过创建这些生动形象的教学内容向学生展现一个全新的学习课堂，将课堂学习和课后巩固有机地结合在一起，切实提高学生韩国语翻译的实践能力。

（三）创建专项能力培训项目

专项能力的培训指的是将重点教学项目融合成能力培训的项目，如教师和学生共同参与到实际的培训活动中，进行相关翻译理论和翻译技巧的学习。通过分析学生在学习过程中遇到的难题，教师可以有针对性地组织相关的锻炼项目，切实提高学生的实践能力。

参考文献

[1] 崔羲秀, 俞春姬. 韩国语实用语法 [M]. 延吉: 延边大学出版社, 2003.

[2] 董娟. 激活韩语职业能力: 高校职业用途韩语课程开发 [M]. 北京: 新华出版社, 2018.

[3] 胡倩. 高校韩语教学模式构建与创新 [M]. 北京: 中国水利水电出版社, 2020.

[4] 李正秀, 徐永彬. 商务韩语会话 [M]. 北京: 对外经济贸易大学出版社, 2014.

[5] 武斌红. 韩国语实用会话 [M]. 北京: 商务印书馆, 2009.

[6] 张敏. 韩国语翻译概论 [M]. 北京: 外语教学与研究出版社, 2018.

[7] 张阳. 零起点标准韩语入门 [M]. 上海: 华东理工大学出版社, 2019.

[8] 郑义香. 实用韩语基础语法与练习 [M]. 南京: 东南大学出版社, 2012.

[9] 程宣博, 刘春云. 浅谈韩国语的语言特点 [J]. 知识文库, 2018 (15): 21.

[10] 贾俟萌. 高校韩语语法教学的问题研究 [J]. 休闲, 2020 (01): 76.

[11] 李玮玮. 论韩语阅读教学的重要性 [J]. 考试周刊, 2009 (29): 351-352.

[12] 李梓瑄. 韩国语教学策略探索 [J]. 吉林省教育学院学报 (下旬), 2013 (10): 80-81.

[13] 林哲权. 新形势下韩国语专业实践教学体系构建研究 [J]. 科技风, 2020 (13): 64.

[14] 彭言. 基于新时代背景研究文化导入在高校韩国语专业教学中的应用策略 [J]. 国际公关, 2019 (12): 143.

[15] 孙东娟. 新时代高校韩国语专业教学中的文化导入 [J]. 作家天地, 2021 (24): 55-56.

[16] 夏倩. 浅谈就业能力导向下的中国高校韩语教学 [J]. 科技资讯, 2020

（10）：73-74.

[17] 袁琳. 高职韩语听力课程的教学目标和教学方法分析 [J]. 考试周刊，2014（01）：118-119.

[18] 张来霞. 基于线上线下混合式教学的高校中级韩国语课程思政教学改革探索 [J]. 中国多媒体与网络教学学报（上旬刊），2021（08）：197-199.

[19] 周云楠，韩宏民. 应用型高校韩国语专业建设及教学改革探索 [J]. 时代报告（奔流），2021（11）：110-111.